LA FOLIE

ESPAGNOLE.

TOME PREMIER.

ŒUVRES DE PIGAULT-LEBRUN,

69 vol. in-12, avec figures.

Adelaïde de Méran, 4 vol.
Angélique et Jeanneton, 2 vol.
Barons de Felsheim (les) 4 vol.
Cent vingt jours (les) 4 vol. in-12, contenant
   quatre nouvelles, qui se vendent séparé-
   ment: Théodore, M. de Kinglin, Métusko,
   Adèle et d'Abligny.
Citateur (le) 2 vol.
Enfant du Carnaval (l') 3 vol.
Famille Luceval (la) 4 vol.
Folie Espagnole (la) 4 vol.
Garçon sans Souci (le) 2 vol.
Jérôme, 4 vol.
L'Homme à projets, 4 vol.
Mélanges littéraires et critiques, 2 vol.
Mon Oncle Thomas, 4 vol.
Monsieur Botte, 4 vol.
Monsieur de Roberville, 4 vol.
Nous le sommes tous, ou l'Egoïsme, 2 vol.
Officieux (l') 2 vol.
Tableaux de Société, 4 vol. portrait.
Théâtre et Poésies, 6 vol.
Une Macédoine, 4 vol.

Les Amans sautaient de leur couchette,
et les ennemis furent en présence.

LA FOLIE
ESPAGNOLE,

PAR PIGAULT-LEBRUN,

MEMBRE DE LA SOCIÉTÉ PHILOTECHNIQUE.

QUATRIÈME ÉDITION.

Honni soit qui mal y pense.

TOME PREMIER.

PARIS,
CHEZ J.-N. BARBA, LIBRAIRE,

ÉDITEUR DES OEUVRES DE PIGAULT-LEBRUN,

PALAIS-ROYAL, DERRIÈRE LE THÉATRE FRANÇAIS, N.º 51.

1820.

A PONTOISE, DE L'IMPRIMERIE DE DUFEY.

LA FOLIE
ESPAGNOLE.

Le Cid, si fameux encore en Espagne, et que nous ne connaissons guère que par l'un des chefs-d'œuvre de notre grand Corneille, le Cid avait chassé les Musulmans de Valence et de Tolède. Quelques efforts de plus, et le mahométisme disparaissait de ce continent; mais il fallait de l'union, et l'Espagne était divisée en plusieurs royaumes dont les rois ne s'accordaient point entr'eux, ce qui souvent est arrivé depuis et arrivera encore: modération et royauté ne seront jamais synonymes.

Don Ramire, roi d'Aragon, avait

pris les armes contre celui de Castille;
il avait appelé sous ses drapeaux ses
grands et sa noblesse. Les comtes d'A-
ran et de Cerdagne, jeunes seigneurs
catalans, tous deux beaux, fiers, pleins
d'ardeur, et brûlant de se signaler,
étaient cependant retenus dans leurs
domaines par des motifs bien excu-
sables. Le comte d'Aran était marié
depuis un an à une jeune dame qu'il
aimait passionnément. Elle venait de
le rendre père d'un fils qui annonçait,
dès le berceau, les traits touchans et
chéris de sa mère. Cerdagne adorait
Léonore de Lampurdan, jeune veuve
riche, aimable, et qui unissait la
sensibilité naturelle à son sexe, aux
singularités qui distinguent les siècles
de la chevalerie.

D'Aran était heureux, Cerdagne
allait le devenir, et souvent les plaisirs du cœur l'emportent sur les jouis-

sances de la gloire. L'appel de leur
roi avait réveillé en eux l'antique
valeur espagnole; mais ils mettaient
dans leurs apprêts cette lenteur qui
annonçait le regret de s'éloigner des
vallées de la Catalogne.

Madame de Lampurdan mit un
terme à tant d'incertitudes : « Partez,
dit-elle à Cerdagne, ou je romps avec
un amant qui semble me préférer à
l'honneur, et ne me revoyez que quand
vous aurez mérité ma main, que je
jure de vous conserver ». Son caractère était un mélange de tendresse et
d'héroïsme; elle était ferme dans ses
résolutions; elle se renferma dans son
château, en interdit l'entrée à Cerdagne, et, pour dernière expression
de sa volonté, elle lui envoya une
écharpe décorée de ses couleurs.

Les châteaux de Cerdagne et d'Aran
n'étaient guère qu'à quinze lieues l'un

de l'autre. L'amant de la fière espagnole vole chez son ami ; il en attendait
des consolations ; il le trouve occupé
à vaincre la résistance d'une épouse
qui, pour le retenir, usait des moyens
les plus forts : elle pleurait, et lui
présentait son fils. Qui pourrait la
condamner ? elle était mère. D'Aran
la chérissait tendrement, je l'ai dit ;
mais aime-t-on son épouse de la même
manière que sa maîtresse ? Il s'arrache
des bras de la comtesse, il revient à
elle, il la comble des plus tendres
caresses ; il s'éloigne de nouveau, un
cri de l'enfant le ramène : il s'échappe
enfin en essuyant une larme, et il
entraîne Cerdagne sur ses pas.

Leurs écuyers, leurs bannières,
leurs armures, leurs palefrois se rencontrent au village de Cénet. D'Aran
y avait envoyé les siens, et ceux de
Cerdagne le suivaient de loin, par or-

dre de madame de Lampurdan. Ils traversent la Catalogne, et arrivent à Sarragosse, où don Ramire assemblait son armée.

Cette ville, qui est encore une des plus belles cités de l'Espagne, offrait un spectacle aussi nouveau qu'intéressant à deux jeunes gens qui ne connaissent à peu près encore que leurs donjons, leurs créneaux, leurs ponts-levis, leurs meutes et leurs maîtresses. Le bon roi Ramire aimait le luxe et le plaisir, dont il avait été privé pendant quarante ans qu'il fut moine et évêque. On assure même qu'il ne haïssait pas les femmes, et qu'il se maria très-volontiers lorsque le pape Innocent II voulut bien le lui permettre. Et le moyen de s'y opposer? ne fallait-il pas des successeurs au trône.

Le bon roi Ramire, qui n'avait

pas appris à faire la guerre dans un
cloître, et qui ne se souciait pas trop
d'en braver les dangers, voulut au
moins en avoir une idée, et ce fut au
milieu des tournois et des fêtes qu'il
préparait une invasion en Castille.

Cerdagne et d'Aran étaient partout, et partout on ne voyait qu'eux.
Personne ne brisait une lance avec
autant d'adresse; personne ne dansait
une sarabande avec autant de grâce;
personne ne donnait autant d'inquié-
tude aux pères et aux maris. Cerdagne
surtout, plus vif, plus sémillant,
d'un esprit plus cultivé, n'avait qu'à
se montrer pour plaire, et plus d'une
matrone lui fit même des avances de
la part de très - belles dames qu'il n'a-
vait pas distinguées; car enfin un joli
homme n'est pas de fer.

Ce n'est pas qu'il oubliât sa charmante veuve, ni d'Aran sa respectable

épouse; mais il est des privations que
la jeunesse ne supporte pas, et le
moyen de refuser quelques complai-
sances à des princesses qui veulent
bien les solliciter? Madame de Lampurdan avait donné à Cerdagne un
écuyer qui lui était tout-à-fait dévoué,
et qui lui rendait un compte exact des
infidélités de son maître. Toujours
singulière, elle s'en applaudissait. « Il
est bon, disait-elle, qu'il connaisse
plusieurs femmes, je gagnerai à la
comparaison, et s'il en est qui m'éga-
lent en beauté, je les surpasserai toutes en tendresse, en égards, en prévenances, et surtout dans l'art heureux
de chasser l'uniformité, qui tue le sentiment, en me montrant toujours
nouvelle ».

Quand Cerdagne était dans l'ivresse
d'une nouvelle passion, elle ne lui
écrivait pas; quand il commençait à

bâiller auprès de sa belle, la corres-
pondance s'engageait de nouveau. Le
jeune comte, rendu à lui-même, écrivait des lettres de feu, et madame de
Lampurdan disait en souriant : « Ces
femmes-là ne flattent que les sens;
moi seule ai su toucher son cœur ».

Après avoir bien fait la petite guerre,
il fallut entrer en campagne. A peine
Cerdagne et d'Aran furent-ils sortis
des murs de Sarragosse, qu'ils ou-
blièrent les plaisirs frivoles qui volaient pour ainsi dire au-devant d'eux.
Cerdagne regardait son écharpe blanche et rose qui lui rappelait sa chère
Léonore; il répétait les derniers mots
qu'elle lui avait adressés; il soupirait
après les combats pour se montrer
digne d'elle; il faisait des vœux pour
la fin de la guerre, d'où dépendait
l'instant de son bonheur.

Il est plus aisé de conduire un

diocèse qu'une armée. Après trois ans de combats, dont je ne vous ferai pas le détail, dans lesquels d'Aran et Cerdagne se signalèrent constamment, mais dans lesquels aussi le prêtre roi eut presque toujours le désavantage, la Navarre fut enlevée à la couronne d'Aragon, passa depuis, par des mariages, aux comtes de Champagne, ensuite à Philippe-le-Bel, fut annexée à la couronne de France, et se fondit enfin dans la monarchie espagnole.

Pendant ces trois années, le galant Cerdagne avait séjourné dans plusieurs citadelles, où l'amour s'introduisait avec lui. Son armure bronzée et damasquinée en or, son panache blanc, sa contenance fière, frappaient d'abord les yeux : levait-il la visière de son casque, il fixait tous les cœurs. Le raisonnement de la belle Léonore fut justifié à la fin. « Ma foi, dit-il un

jour à son ami d'Aran, les femmes qui
me recherchent n'aiment en moi que
le plaisir; celle-là seule sait aimer,
qui sacrifie ses désirs à sa vertu, à
l'estime publique, et surtout à celle
de l'homme qu'elle a l'intention de
fixer, et cette femme est Léonore de
Lampurdan : elle est la plus respectable, comme la plus belle de toutes
celles que le hasard a présentées à
mes yeux. La paix est faite, je me
fixe à jamais, et je l'épouse ».

Bien que le prêtre-roi eût perdu
dans cette guerre une assez belle partie de ses états, il n'en prétendit pas
moins récompenser dignement les
guerriers qui l'avaient suivi. Au dé-
faut de terres, de pensions, que l'état
de ses affaires ne lui permettait pas de
donner, il se rejeta sur les décora-
tions, qui ne coûtent rien, et qui
flattent bien plus les grands qu'une

augmentation de fortune, dont ils n'ont que faire.

Pendant qu'on se battait en Aragon et en Castille, les Maures, habiles à profiter des divisions des Chrétiens, avaient repris Valence. Des moines de l'ordre de Cîteaux, assez nombreux et assez puissans pour fournir aux frais de la défense de la ville de Calatrava, armèrent leurs frères lais, leurs domestiques, leurs paysans, qui combattirent sous le scapulaire. Telle fut l'origine de cet ordre militaire religieux de Calatrava, qui eut tant de lustre pendant plusieurs siècles, dont les statuts permettaient de se marier une fois, et dont il ne reste plus que quelques Commanderies, que le roi d'Espagne confère à qui bon lui semble.

L'ordre de Calatrava avait besoin, à son origine, d'un grand-maître qui

lui donnât autant de consistance que
d'éclat, qui en ennoblît la marque
distinctive en la portant lui-même, et
qui la fît ainsi désirer aux seigneurs
de sa cour. Les moines de Cîteaux
devaient la préférence au roi d'Aragon, qui avait été leur camarade, et
le bon Ramire, flatté de leur déféren-
ce, accepta un titre qui l'allait mettre
à même de récompenser ses chevaliers sans frais. D'Aran et Cerdagne
retournèrent dans leurs châteaux
avec la croix de l'ordre au cou:
distinction d'autant plus précieuse
qu'elle était rare encore, qu'elle serait
aux yeux de madame de Lampurdan
un signe non équivoque de la valeur
de son amant, mais qui ne valait
pas une portion de ses domaines,
qu'il avait engagée par parties pour
faire face aux dépenses de ses cam-
pagnes, car les seigneurs alors se

faisaient tuer à leurs frais : usage très-commode pour les rois, et qui malheureusement pour eux est tout-à-fait perdu.

Nos deux chevaliers traversaient la ville de Benavarri, sur les frontières de la Catalogne, où le bruit de la paix les avait devancés. Cette paix n'était pas honorable, mais elle ne nuisait directement qu'aux intérêts du prêtre-roi, et une paix, quelle qu'elle soit, est toujours très-bonne pour le peuple. L'Aragon, la Catalogne se livraient à la joie, chacun rentrait dans son manoir; les uns trouvaient leur famille augmentée; les autres travaillaient à l'augmenter eux-mêmes, tous étaient bien reçus; et dans le fond que pouvaient-ils désirer davantage? on connaissait déjà le proverbe, *les absens ont toujours tort,* proverbe tombé en dé-

suétude, aujourd'hui que l'inconstance,
le libertinage et le divorce donnent si
souvent tort aux *présens.*

Revenons. Madame d'Aran et la
belle Léonore, tendres, sages, et par
conséquent fidelles, ne purent résister
au désir de se réunir plutôt, l'une à
son époux, et l'autre à son amant.
Elles se voyaient fréquemment pendant l'absence de leurs messieurs :
confidences d'amour sont un besoin
pour deux cœurs sensibles; soirées
d'hiver sont moins longues quand la
conversation est attachante.

Nos deux belles travaillaient dans
une des salles du château d'Aran.
Les petites-maîtresses de ces temps re-
culés ne connaissaient pas la bougie,
et la chandelle ne s'allumait que
les grands jours. Une lampe à trois
becs, d'un cuivre très-clair, était
suspendue par une chaîne de laiton

à une voûte rembrunie, que décoraient des étendards et des timbales pris sur les Maures par les premiers comtes d'Aran; des chaises d'érable à grands dossiers, une grande table de noyer, formaient l'ameublement; le fauteuil du seigneur était là, et personne ne s'y était assis pendant son absence : c'eût été une espèce de profanation, dans un siècle où les femmes ne rougissaient pas encore de reconnaître leur maître dans leur époux.

Je ne m'étendrai pas davantage là-dessus, car je veux être lu de nos beautés modernes, qui trouvent tout simple de mener leurs maris par le nez, de dissiper leur fortune, de faire assez souvent pis, qui crient au ridicule, au scandale, si le cher homme pense seulement à rétablir chez lui l'ordre et la décence, et qui ont in-

contestablement raison , car enfin ,
d'autres temps, d'autres mœurs.

Les deux dames étaient donc assises
sur de simples chaises , brodant près
de la table; leurs demoiselles, placées
à une distance convenable, cousaient
en silence (les suivantes de ce temps-là
savaient se taire), lorsqu'un homme
armé de pied en cap se présenta dans
la salle : c'était l'écuyer que madame
de Lampurdan avait donné à son
cher Cerdagne. Il s'était détaché à
l'instant où la paix venait d'être con-
clue, et avait marché aussi vîte qu'on
le peut faire sans relais et sans chevaux de poste : nos aïeux n'avaient
pas toutes leurs aises.

Pendant que l'écuyer festoyait sur
le bout de la table un reste de pâté
de sanglier que lui avait présenté ,
avec une jolie révérence, une des
demoiselles de madame d'Aran , il

contait, dans certains intervalles, les
faits et gestes des deux amis, et les
dames laissaient tomber leur ouvrage,
se penchaient vers lui, l'œil fixe et
leurs lèvres purpurines entr'ouvertes ;
leur sein palpitait à la peinture vive
et animée des dangers, le sourire
reparaissait au détail d'une victoire.
Une noble fierté parut sur leur visage,
quand elles se représentèrent un
époux et un amant recevant de leur
roi et l'accolade et la croix de l'ordre
de Calatrava; mais au mot *paix*, que
personne n'avait entendu encore dans
ce canton, à la nouvelle du licencie-
ment de l'armée, madame d'Aran
tombe à genoux pour remercier le ciel,
et la belle Léonore ordonne qu'on
apprête à l'instant sa plus vigoureuse
haquenée : « Où voulez-vous aller?
lui dit son amie. — Au-devant de Cerdagne. — Il fait nuit. — Que m'im-

porte ? — Et les brigands ? — Craint-
on quelque chose quand on aime » ?

Madame d'Aran eût rougi de ne
pas faire pour son époux ce que
Léonore faisait pour son amant. Suivantes, pages, valets, tout est en l'air
dans le château; les armoires sont
renversées pour chercher des équi-
pages de voyage; le pavé des écuries
résonne sous les grosses bottes des
piqueurs; les cuisiniers chargent le
fourgon de viandes froides et de bon
vin; les valets s'arment à la hâte; le
cornet à bouquin se fait entendre, le
pont - levis se baisse, nos amazones
sont en route.

La nuit est froide, l'amour l'é-
chauffe de son flambeau; le chemin
est difficile, l'amour l'applanit; on
mesure l'intervalle qui sépare encore
du bonheur, l'amour le remplit en
y plaçant l'espérance.

En parlant, chantant, mangeant le jour, en reposant la nuit dans le fourgon, on avançait sur les renseignemens que donnaient des pelotons de soldats qui s'en retournaient gaîment chez eux, et qu'on rencontrait de distance en distance. Quelquefois il fallait payer leurs avis par l'abandon d'une hure, ou d'un filet de chevreuil; quelquefois il fallait entendre des propos grivois qui déplaisent toujours aux dames, à ce qu'elles disent : mais Léonore avait du caractère, et se mettait au-dessus de ces détails; elle inspirait son courage à madame d'Aran.

Cependant elles avisèrent de se voiler, et firent bien ; car la soldatesque, qui peut tout; respecte moins une femme de qualité qu'une grisette. Un certain capitaine, Diégo, surnommé *le Dévirgineur*, accompagné d'une trentaine de drôles de sa trempe, se trouva au point du jour en face du fourgon, et lorgna les demoiselles suivantes. Tout était bon au capitaine en temps de paix; mais après trois ans de guerre et de privation, à une grande distance de toute habitation, dans un temps où il n'y avait ni grands chemins fréquentés, ni maréchaussée, où les différends se terminaient à la pointe de l'épée, quelle trouvaille pour le capitaine et sa bande, que sept à huit filles, toutes jolies, bien qu'elles ne valussent pas leurs maîtresses!

Il les invite à descendre sur l'herbe verdoyante. Des cris d'abord, comme cela se pratique, et ensuite la résignation; car enfin toutes les femmes ne sont pas obligées d'être des Lucrèce. Il est des cas d'ailleurs où ce joli péché cesse d'en être un, selon l'avis des plus savans casuistes; témoin Judith, qui forniqua en sûreté de conscience

avec Holopherne, parce qu'il fallait
sauver Béthulie; sainte Marie égyp-
tienne, qui, faute d'argent, paya de
sa personne le batelier qui la passait,
car toute peine mérite salaire; et notre
grand'maman Eve elle - même n'a-
t-elle pas commencé à mettre la for-
nication en honneur; car enfin, lorsqu'elle était seule avec le grand-papa,
qui diable avait pu les marier?

Les pages et les valets des deux
dames s'étaient présentés d'abord
pour s'opposer aux desseins du capitaine, et sa redoutable épée les avait
dispersés, comme le vent chasse et
roule les feuilles mortes· Quelle extré-
mité pour des filles d'honneur! Elles
faisaient de leur mieux pour ne pas
pécher, en ne s'unissant point d'intention, et n'y réussissaient pas toujours. Les dames, qui occupaient le
fond du fourgon, s'étaient hâtées,

avant que les demoiselles en descen-
dissent, de se tapir sous une couverture de soie verte, brochée d'or; les
demoiselles, jalouses de prouver leur
dévouement à leurs maîtresses, en sup-
portant seules ces outrages multipliés,
ne disaient pas un mot qui pût decéler
les dames; les dames, fatiguées d'une
position très-gênante (l'une avait le
manche d'un gigot qui lui rentrait
dans les reins, l'autre s'était assise sur
une paire d'éperons qui se trouva là
par malheur), les dames faisaient des
mouvemens qui ne furent aperçus que
lorsque le capitaine et ses gens furent
susceptibles de quelqu'attention. Heureusement pour elles, les combattans
étaient absolument hors de combat,
car elles eussent obtenu la préférence
qu'elles méritaient à tant d'égards. Le
capitaine Diégo passa son chemin, en
jurant de dépit de n'avoir pas fait per-

quisition dans ce chariot, en se plai-
gnant de la nature, qui mettait des
bornes à ses exploits : les dames le
virent s'éloigner avec un sensible plaisir, bien qu'un homme aussi valeu-
reux ait toujours quelqu'attrait pour
le sexe ; mais nos dames n'avaient de
leur sexe que les vertus.

Elles consolèrent leurs demoiselles,
qui prétendaient être au désespoir de
cette aventure, et qui ne se cachaient
pas quand on rencontrait un nouveau
peloton, parce qu'il était de leur
devoir de s'immoler pour leurs maîtresses. *A quelque chose malheur est
bon.* Des œuvres du capitaine Diégo
naquirent, au bout de neuf mois, deux
chenapans qui ne valurent pas mieux
que leur père, qui eurent des enfans
qui ne valurent pas mieux qu'eux, et,
à la sixième génération, sortirent de
cette illustre souche Cortez et Pizarre,

qui allèrent en Amérique égorger, à la
plus grande gloire de Dieu et de l'Espagne, douze millions d'hommes qui
n'avaient qu'un tort, celui de n'être
pas les plus forts.

Deux femmes échappées à un semblable péril, le plus terrible qui puisse
menacer des femmes d'une certaine
façon, doivent nécessairement de la
reconnaissance au ciel, qui les a visi-
blement protégées. Nos dames pro-
mirent une neuvaine à saint Jacques
de Compostelle, le plus grand saint
du paradis, à ce qu'on assure en
Espagne; et, en entrant dans cette
ville de Benavarri, dont je vous par-
lais tout à l'heure, elles mirent pied
à terre pour se rendre à l'église principale, et commencer l'exécution de
leur vœu. Une pluie épouvantable
survint, les incommoda beaucoup,
mais ne leur parut qu'un moyen dont
le

le patron se servait pour éprouver leur ferveur. Deux chevaliers bien montés, accompagnés d'une suite nombreuse, se montrent dans l'éloignement; nos belles comtesses distinguent leurs couleurs, les armures, et enfin Cerdagne et d'Aran. Elles oublient le capitaine Diégo, saint Jacques de Compostelle, et la pluie; elles courent, elles prononcent les noms chéris; d'Aran et Cerdagne les entendent, les reconnaissent, sautent de leurs palefrois; ils sont dans les bras les uns des autres, ils se pressent, ils s'enlassent; un doux frémissement agite tout leur corps; soupirs brûlans sont le seul langage qu'ils emploient: quel autre vaudrait celui-là?

Cependant d'Aran, qui n'était plus que le mari de sa femme, la conduisait insensiblement dans un lieu où ils pussent au moins causer à couvert.

Cerdagne, malgré ses infidélités, n'a-
vait pas cessé d'aimer sa belle Léonore, et le premier coup-d'œil de la
charmante veuve avait ajouté à la
vivacité de ses feux. Cependant l'eau
qui tombait à flots, s'amassait entre
sa cuirasse et sa cotte de mailles;
bientôt elle perça le pourpoint, et
remplit le haut-de-chausses. Il n'est
pas d'amour qui tienne contre cette
froide et subite immersion. L'ivresse
de Cerdagne se dissipa aussitôt; il
présenta la main à sa belle pour la
conduire dans un endroit plus convenable. «Il y a trois ans que vous ne
m'avez vue, lui dit madame de Lampurdan, et vous vous apercevez qu'il
pleut!.... vous ne m'aimez pas. — Je
ne vous aime pas! ô ciel! — Point de
mots, des choses. — Quelle preuve
exigez-vous de mon amour? Faut-il
armer mes vassaux et mes domes-

tiques, aller seul avec eux attaquer
et reprendre Valence, défier le roi
maure en combat singulier, le pourfendre, ou l'amener à vos pieds reconnaître que vous êtes la plus belle,
et qu'il s'estime heureux d'être vaincu
pour vous? faut il.... — Il faut vous
taire pendant un an. — Comment,
madame.......... — Je vous aime trop
pour exposer votre vie; et je me
soucie fort peu que votre roi maure
me trouve belle ou non; mais je
veux qu'un effort pénible me prouve
que vous ne me confondez pas avec
ces belles dames qui ont cru avoir
votre cœur, que peut-être je ne pos-
sède pas plus qu'elles. — Vous me
feriez l'injustice........ — Si vous pro-
férez un mot de plus avant le délai
prescrit, Léonore de Lampurdan est
perdue pour vous ».

Quelqu'amoureux qu'on soit, il est

dur de se soumettre à une épreuve
aussi bizarre, surtout quand on joint
aux formes aimables qui nous font
rechercher, cette gaîté naturelle qui
a sans cesse besoin de s'épancher.
Cependant, si les maris du douzième
siècle trompaient, tourmentaient, dé-
solaient leurs femmes, comme ceux
du dix-huitième, les amans, tremblant
devant leurs belles, aveuglément soumis à leurs moindres volontés, ne
savaient qu'obéir quand elles avaient
prononcé. Ce respect extraordinaire
était un reste du culte que les Gaulois
et les Germains rendaient à un sexe
en qui ils reconnaissaient quelque chose
de divin. Un amant rebelle ou parjure
était, dans les fastes de la chevalerie,
une chose inouie, qui entraînait nécessairement la dégradation. Aussi,
voyait-on alors autant d'amans par-
faits, qu'on voit maintenant d'usuriers

en France, de penseurs en Angleterre,
de paresseux en Espagne, de banque-
routiers en Hollande, de buveurs en
Allemagne, de fourrures en Russie,
etc. etc.

Bien que Cerdagne fût un parleur,
et un parleur aimable, il tenait à
ses éperons, à sa croix de Calatrava,
et surtout à sa charmante veuve. Un
mot l'aurait fait traduire devant une
cour d'amour qui lui eût tout ôté à la
fois. Il se décida donc à se taire,
mais il tenta un dernier effort qui
ne pouvait pas le compromettre. Il
tire ses tablettes, car il était savant
pour le temps où il vivait : il lisait
fort bien, et écrivait assez lisiblement.
« Je vous permets de m'écrire, lui
dit madame de Lampurdan; je vous
promets de vous répondre, et même
de vous parler; mais je vous défends
de faire connaître à qui que ce soit, que

c'est par mon ordre que vous êtes muet, ni de penser à l'hymen avant l'expiration de l'année ». Sans s'occuper davantage du mauvais temps, Cerdagne, désespéré de la double peine, improvisa quatre ou cinq vers, aussi mauvais que tous ceux qu'on faisait alors. Il les présenta à madame de Lampurdan, qui, charmée de se voir célébrée en vers pour la première fois, lui présenta sa main à baiser : elle lui devait quelqu'adoucissement. Elle s'appuya sur son poignet, couvert de son gantelet, et le conduisit dans le palais où s'étaient retirés monsieur et madame d'Aran. L'eau coulait de toutes les parties de leur corps : on rit beaucoup de cette ardeur qui les avait rendus insensibles à un orage tel qu'on n'en voit pas un semblable en dix ans. Pour toute réponse, madame de Lampurdan fit

avancer le fourgon et ses femmes,
et fut se sécher dans une salle voisine. Cerdagne, qui voulait paraître
aimer la pluie depuis un moment,
n'entendait pas se changer; il regardait d'Aran et sa femme d'un air
bête; il se pinçait les lèvres pour ne
pas rire, et répondait par signes à
tout ce qu'on lui disait. D'Aran l'aimait véritablement; il s'alarma tout-
à - coup, s'écria que l'amour avait
rendu Cerdagne fou. Cerdagne répondit à cela par un grand éclat de
rire, qui confirma son ami dans son
opinion : l'alarme se répandit dans le
château; on courut chercher le médecin le plus renommé de Benavarri,
qui accourut, suivi d'un frater et de
deux apothicaires : car ces gens - là
courent toujours où il y a beaucoup
à gagner. Le médecin prit la main
de Cerdagne, qui se laissa faire. Ins-

pection faite du pouls, le docteur
décida qu'il y avait dérangement à la
glande pinéale, et Cerdagne lui rit au
nez; le docteur, plus convaincu que
jamais par cette irrévérence, ordonna
au frater d'ouvrir la veine, et aux
apothicaires de préparer et de mettre en place des laxatifs. Cerdagne
n'entend pas pousser la plaisanterie
aussi loin; il jette la trousse du frater au feu, la perruque du docteur
par la fenêtre, et les deux apothicaires à la porte.

Le docteur prononce que ce genre
de démence vise à l'hydrophobie,
et qu'il faut lier le malade. A ce
mot, Cerdagne entre vraiment en
fureur, et saute sur son épée. Ses gens
désolés s'arrêtaient devant lui, sans
savoir quel parti prendre; d'Aran
pleurait, et avait pourtant aussi tiré
son coutelas, à tout événement; le

docteur, le frater, les apothicaires,
des harts à la main, sautillaient autour de Cerdagne, qui les écartait à
grands coups de plat d'épée ; madame d'Aran, inutile jusqu'alors au
tableau, avait pris le parti de s'éva-
nouir, pour le compléter. Le désordre
était au comble, lorsque madame de
Lampurdan rentra, brillante de son
propre éclat, et de celui de l'habit
qu'elle avait été prendre. « Comte,
dit-elle à Cerdagne, je n'ai pas plus
envie de vous voir enrhumé que de
vous envoyer reprendre Valence; allez
changer de vêtement ». Cerdagne sortit
avec une profonde révérence, et personne ne concevait comment ce fou,
qui était menacé de la rage, obéissait
au moindre mot de la beauté.

Cependant le membre de la faculté
et ses suppôts n'entendaient pas dé-
semparer. Ils redemandaient à grands

cris leur malade; il fallait qu'il fût saigné et clistérisé, parce que les arrêts d'un médecin sont sans appel. « Je paie la cure, et je vous dispense de la faire, dit madame de Lampurdan, en tirant sa bourse : qu'avez-vous à ajouter? — Rien, sans doute, que des révérences ». Et ces messieurs se retirèrent à reculons, la tête penchée sur leurs genoux.

Madame d'Aran était revenue à elle, et parlait à son mari de l'inconcevable état du pauvre Cerdagne; d'Aran avouait tout bonnement qu'il n'y comprenait rien, mais que leur ami ne pouvait être dangereux, puisque madame de Lampurdan avait sur lui un empire aussi absolu : ils arrêtèrent tous à la fois qu'on prendrait certaines précautions contre un nouvel accès qui pouvait n'être pas éloigné. Madame de Lampurdan écoutait avec

une feinte indifférence, et s'enorgueil-
lissait intérieurement de la soumission
d'un homme dont le bras avait souvent
fait trembler la Castille. Cerdagne,
en changeant d'habit, pensait à la singulière punition que sa maîtresse lui
avait infligée; il en murmurait men-
talement, il en riait l'instant d'après,
et il reparut dans la salle commune,
le front serein, et beau comme l'Apol-
lon du Belvéder.

Il fut s'asseoir près de sa belle
Léonore; il lui peignait son amour
et la joie qu'il avait de la revoir, par
les gestes les plus expressifs : sa Léonore lui répondait de vive voix les
choses les plus tendres et les plus
pathétiques; l'étonnement des spec-
tateurs allait toujours croissant : « S'il
n'est pas fou, qu'est-il donc? s'écria
enfin d'Aran. — Je suis muet, écrivit
Cerdague. — Muet! reprend son ami.

— Muet! continue son épouse. — Et comment ?....... — Et par quelle aventure?.... — Ah! dites-moi?.... — Expliquez-vous, de grâce !.....» — Je suis muet, je ne puis vous en écrire davantage. — C'est une para-lysie sur la langue. — Il faut faire revenir le médecin. — Sans doute».

A cette menace, Cerdagne reprend ses tablettes : « S'il reparaît devant moi, je le tue; je ne veux pas guérir. Voyez les regards d'amour que m'a-dresse ma Léonore : il semble que je lui devienne plus cher par mon ac-cident. — N'en doute pas, mon ami, répond la belle veuve, et elle offre sa joue à son amant. — Oh! à pareil prix, écrit de nouveau Cerdagne, je serais muet toute ma vie ».

On soupa très-gaîment. L'aventure des filles d'honneur empêcha de se remettre en route la nuit. Madame d'Aran d'ailleurs était bien aise, après trois ans d'absence, de causer de près avec son mari. L'agrément particulier et l'intérêt général exigeant donc qu'on passât la nuit à Benavarri, chacun se retira de bonne heure. Monsieur et madame d'Aran firent ce qu'ils voulurent ; madame de Lampurdan se rappela ses nuits passées, et celles que l'amour lui réservait ; Cerdagne causa tout seul : c'est une jouissance quand on s'est tu forcément pendant la journée.

On arriva sans mésaventure au château d'Aran. Les amans y laissèrent les époux, et se retirèrent dans leurs donjons. Pas un voisin qu'on pût voir décemment : c'étaient de pauvres gentillâtres, des bûcherons, des laboureurs, quelques chapelains. Il y avait, par-ci, par-là, des jouvencelles qui méritaient l'attention du comte de

Cerdagne; mais il lui était défendu
de parler, et elles ne savaient pas lire:
il fallait donc être fidèle malgré soi.
Le pays était abondant en gibier;
mais on ne chasse pas sans parler à
ses chiens et à ses piqueurs : il fallut
donc encore renoncer à ce plaisir-
là. On pouvait aller voir madame de
Lampurdan; mais la décence ne permettait pas qu'on couchât chez elle.
On n'avait alors pour ressource qu'un
mauvais lit offert de bon cœur par un
pauvre curé, et on se lasse d'être mal
couché : les séjours n'étaient donc pas
très-prolongés. Le château de Lampurdan était à douze lieues de celui
de Cerdagne : les voyages ne pouvaient donc pas être très-fréquens. La
seule jouissance qui restât à Cerdagne,
était d'écrire tant que bon lni semblait à sa fière veuve; mais cette jouissance même lui rappelait ses priva-

tions; et puis quand on a écrit tout ce qu'on pense, tout ce qu'on sent, qu'on a dit tout ce qu'on peut dire, il paraît assez insipide de recommencer. Cerdagne s'ennuyait, oh! il s'ennuyait............ comme un écolier en classe, comme un juré à l'audience, comme un rentier qui attend son quartier, comme un mari près de sa femme. Quand il était bien sûr d'être seul et de n'être pas entendu, il parlait, il parlait tout haut contre la fantaisie de sa Léonore, et, sans son attachement à ses éperons, et à sa croix de Calatrava, je ne sais pas trop ce qui en serait arrivé.

Madame de Lampurdan n'était pas plus heureuse. Quand elle ne voyait pas Cerdagne, elle brodait et se dépitait : l'ouvrage va mal quand on n'est pas à ce qu'on fait. Elle quittait le métier, et relisait sans intérêt des

lettres qu'elle savait par cœur. Lorsqu'elle en eut écrit elle - même une
trentaine, elle se répétait à chaque
mot, et déchirait le poulet, de peur
de donner à Cerdagne une mauvaise
opinion de son esprit : femme, belle
et riche, elle devait avoir tous les
genres d'amour-propre.

Si Cerdagne paraissait, elle volait
au-devant de lui, lui disait des choses
charmantes, et s'ennuyait bientôt de
l'uniformité de ses signes. Elle re-
grettait intérieurement de ne plus entendre cette voix si touchante, qui
arrivait si sûrement à son cœur. Elle
se rappelait certain moment assez
doux de son premier hymen, et convenait, à part elle, qu'il y aurait de
la duperie à reculer le second d'un
an : la nature ne perd jamais ses droits.
Que faire cependant? Revenir sur ses
pas? Rendre la parole à Cerdagne?

Ne serait-ce pas marquer un empressement qu'il pourrait interpréter à son désavantage? Son orgueil permettait-il d'ailleurs qu'elle transigeât avec son amour, et l'orgueil n'est-il pas, soit dit sans méchanceté, le sentiment dominant chez les femmes? Tout cela était embarrassant, cruel, diabolique. « Je languis, je sèche, se disait-elle quelquefois; mais je mourrais plutôt que de céder ». Et, pour se dissiper, elle faisait enrager ses femmes.

Cet état de choses ne pouvait durer long-temps. L'amour, la jalousie, des craintes assez fondées peut-être, rapprochèrent, raccommodèrent tout : c'était la fête de madame de Lampurdan, et ces jours-là se célébraient alors avec une pompe qui devait flatter singulièrement l'habitant de la voûte azurée. Cela se réduit à présent à un bouquet, à une mesquine sérénade;

la belle fait servir, en reconnaissance,
la tourte de frangipane; on lui chante,
en buvant son vin, quelques couplets
assez plats, et on s'en retourne bâiller
au coin de son feu : aussi nos patrons
célestes, justement choqués de cette
parcimonie, nous abandonnent tout-
à-fait, et il y paraît bien.

Madame de Lampurdan avait ras-
semblé chez elle la haute noblesse de
vingt lieues à la ronde. Un prodigieux
abatis de gibier avait été fait la veille
dans ses parcs et dans ses forêts; ses
gens étaient habillés de neuf, et elle
venait de finir de sa main blanchette
la broderie d'une robe qui devait
habiller le lendemain l'image de sa
patronne, qui figurait en pied sur le
maître-autel, et qui foulait d'un air
de dignité les Dieux du Paganisme,
qui, selon moi, sont tout aussi bons
que d'autres.

L'aurore de ce grand jour ne fut pas annoncée au bruit du canon, parce qu'on ne connaissait pas la poudre en Europe; mais les timbales, les cymbales, les clairons et tous les instrumens qu'on avait imités des Maures, et qui ont au moins l'avantage de ne pas ébranler les maisons de ceux qui ne veulent pas prendre part à la fête, ces instrumens, bien ou mal embouchés, résonnèrent à la fois. Les comtes, les barons, les chevaliers, les dames, les jouvencelles, sortent de leurs couchettes, revêtent leurs habits somptueux, leurs armes, leurs joyaux. La nombreuse assemblée se réunit gaîment dans une salle où était servie une table de cent couverts, chargée de toutes sortes de mets, au milieu desquels figurait l'*olla podrida*, qu'entouraient vingt flacons d'un excellent vin de la Manche. Il n'était encore

que huit heures ; mais alors on se levait
matin, et on déjeûnait fort.

La comtesse de Berga, la plus jolie
de toutes les dames, après celle du
château, était, par hasard ou autrement, auprès de Cerdagne, qu'aucun
cavalier n'égalait en bonne mine. Le
dangereux fripon se livrait à son goût
pour la variété, et parlait, de ses yeux,
à madame de Berga, mais d'une manière si positive qu'elle ne pouvait s'y
méprendre. Madame de Berga avait un
mari vieux et infirme; Cerdagne était
charmant, et un muet ne laisse pas
d'indiscrétion à craindre, car un galant
homme n'écrit jamais ce qui peut lui
échapper dans la vivacité de la conversation. Madame de Berga faisait toutes
ces réflexions, et regardait aussi Cerdagne d'une manière très-significative.
Madame de Lampurdan, à qui rien
n'échappait, avait de l'humeur, et

faisait fort mal les honneurs de chez elle.

On savait par toute la Catalogne les engagemens qui existaient entre Cerdagne et sa belle. Madame de Berga ne voulait pas être l'objet d'une fantaisie, et, pour former avec le paladin une liaison durable, il fallait le détacher de ses premiers nœuds. Elle crut avoir trouvé un moyen innocent de jeter de la défaveur sur madame de Lampurdan. Elle plaignit en général les jeunes seigneurs qui s'attachent à des dames qui répondent plutôt à leur amour par vanité que par véritable tendresse.

Un coup-d'œil très-vif de madame de Lampurdan la convainquit que le paquet était arrivé à son adresse. La réponse ne se fit pas long-temps attendre : « Je ne conçois pas, moi, reprit la belle veuve, qu'on se permette des observations aussi directes, sans un motif qu'il est facile de pénétrer ». La glace était rompue, et madame de Berga s'était trop avancée pour reculer : « Il est permis, poursuivit-elle, de plaindre un chevalier qu'une infirmité subite....... — Prive du cœur de sa maîtresse, n'est-ce pas là ce que vous voulez dire, madame? — Il me semble au moins que son accident m'eût fait hâter un hymen nécessaire à sa consolation. — Je ne suis pas faite, moi, madame, pour consoler un mari infirme. — Quoi! madame, des applications! — La patience est une vertu que je vous souhaite, et que le ciel ma refusée. Eh bien! madame, vous vous taisez! je vous mets cependant à votre aise. Allons, déclarez franchement à Cerdagne que ma conduite doit lui inspi-

rer de l'indifférence, qu'il peut chercher ailleurs des dédommagemens, et
que peut-être il n'ira pas loin pour
en trouver ».

Les convives stupéfaits laissaient
tomber leurs fourchettes à manche de
bois de cerf; madame de Berga était at-
terrée; Cerdagne croyait presser de son
genou celui de sa jolie voisine, et l'engager à continuer un combat qui lui
assurait une épouse adorée, ou une
maîtresse piquante; madame de Lampurdan se pinçait les lèvres, et réflé-
chissait profondément. Le tréteau que
Cerdagne avait pris pour le genou de
madame de Berga, et dont la pression
soutenue lui paraissait si flatteuse, le
tréteau céda à la fin, il tomba, et
entraîna la table; madame de Lampurdan, tirée de sa rêverie par l'éclat
de la chute, éclairée sur le manége
de Cerdagne par la rougeur et l'em-

barras extrême de sa rivale, poussée
par sa sensibilité alarmée, et peut-
être par un mouvement de justice,
madame de Lampurdan se leva, et
prenant cet air de dignité qui en
imposait même à l'amour : « Je ne
donnerai pas lieu davantage, dit-elle,
aux plaintes qu'une compassion bien
innocente m'adresse en faveur de mon
amant ; je n'autoriserai plus par mes
délais des galanteries dont je ne pour-
rais raisonnablement m'offenser. Cerdagne, je vous épouse aujourd'hui ;
et madame, qui s'intéresse si vivement
à vous, me saura gré sans doute de
ma condescendance. Elle me plain-
drait probablement, si j'avais des infirmités à vous faire oublier, et, pour
la mettre absolument à son aise, je
vais lui faire juger la différence qui
existe entre l'attrait du plaisir et l'a-
mour fondé sur l'estime ; pour cela je
n'ai

n'ai besoin que d'un mot, et je le prononce : Parlez, Cerdagne ».

Cerdagne, hors de lui, tombe aux pieds de sa Léonore, et ne voit plus qu'elle. Des exclamations sans suite, mais très-distinctement prononcées, prouvent qu'il n'est pas muet; madame de Berga, poussée à bout par son heureuse rivale, se croit jouée par le trop aimable chevalier : elle monte sa haquenée, et pousse à grands coups de fouet une pauvre bête bien étrangère à tous ces démêlés. Très-heureusement le comte de Berga était retenu chez lui par la goutte, et elle n'avait à Lampurdan aucun chevalier qui s'intéressât assez à elle pour jeter à Cerdagne le gage du combat.

Le tragique de la scène avait fait perdre de vue les détails comiques, les plats et les bouteilles cassées, les limiers se jetant sur les débris du

festin, les pages s'empressant de réparer le désordre, culbutés par les
chiens, et les culbutant à leur tour;
la selle de la haquenée de madame de
Berga, placée à la hâte, tournant au
bout de cinq pas, l'amante malheureuse renversée, les jambes en l'air,
et son écuyer lui tournant respectueusement le dos, tirant sa flamberge
pour écarter les indiscrets, et laissant
sa maîtresse se dépêtrer de son mieux,
ou subir le sort de la reine Brunehaut,
plutôt que de souiller ses charmes
d'un regard téméraire. On ne voyait
que la belle, que la fortunée Léonore;
on ne pensait qu'à féliciter Cerdagne.
L'effort qu'avait fait sur lui-même un
jeune homme aussi léger, était la
preuve la plus incontestable de l'a-
mour le plus vrai, et le garant le plus
sûr du bonheur futur de madame de
Lampurdan. Elle oublia la robe bro-

dée de sa patrone, la patrone elle-même,
et conduisit son cavalier à l'autel.

D'Aran et son épouse, enchantés
d'un dénouement qu'ils étaient loin
de prévoir, présentèrent le plus beau
couple de toutes les Espagnes au cha-
pelain, qui s'attendait à chanter l'of-
fice du jour, et qui ne s'était pas pré-
paré à célébrer des épousailles; mais
comme il était le seul qui sût le latin,
il récita les *Oremus* en l'honneur de
sainte Léonore, et prononça à haute
et intelligible voix, l'*Ego vos con-
jungo,* qu'on entend à merveille dans
tous les pays, et qu'on se repent par
fois de s'être fait prononcer.

Vous présumez bien que la fête
changea absolument d'objet. Cerdagne fut le patron du jour, il en fit
le charme par un mélange de sentimens et de gaîté qui s'échappèrent
comme un torrent qui a brisé les di-

3*

gues qui l'arrêtaient. De ce jour aussi
madame de Cerdagne abjura l'auto-
rité qu'elle avait prise sur son amant.
Elle ne prétendit d'autre empire sur
son époux que celui de la beauté et
des grâces, des attentions et de la douceur. Cerdagne avait souvent mur-
muré contre son despotisme : sa déli-
catesse le charma, et il s'empressa de
la justifier par tout ce que devait attendre de lui une épouse accomplie.
On assure même qu'il lui fut fidèle...
autant qu'un mari peut l'être.

Neuf mois s'écoulèrent dans des
plaisirs toujours vifs, parce qu'ils
paraissaient toujours nouveaux. Madame de Cerdagne allait resserrer les
liens qui l'unissaient à son époux; un
gage de l'union la plus douce était attendu avec impatience, et on attendait le moment heureux en faisant de
ces rêves de bonheur si naturels à de

jeunes époux. Ce serait un garçon, il aurait la beauté, la sensibilité de sa mère, l'esprit et la valeur de Cerdagne. On le voyait s'échapper des bras de la comtesse pour hasarder quelques pas sur le gazon; on l'entendait balbutier ces noms chéris de père et de mère; on souriait à ses saillies enfantines : à ces illusions succédaient des plans d'éducation qui ne ressemblaient en rien à celle qu'on donnait alors aux enfans. Puis on l'envoyait faire ses premières armes contre les Maures, et l'établissement le plus beau d'Aragon était le prix de ses exploits.

Hélas! il vint trop tôt ce jour si ardemment désiré. Après des douleurs horribles, madame de Cerdagne donna une fille à son époux, et mourut dans ses bras.

Les caractères vifs sont plus forte-

ment frappés que d'autres, et par une
juste répartition de la nature, les cha-
grins les plus violens sont aussi les
moins durables. Cerdagne désespéré,
ne voulait pas survivre à son épouse;
il l'appelait à grands cris, il couvrait
de baisers ses restes insensibles : il
fallut employer la force pour l'en sé-
parer. Il la suivit baigné de larmes,
dans la sépulture de ses pères, et l'instant où on finit de murer le caveau,
amena une crise terrible : il tombe
sans connaissance aux pieds de son
cher d'Aran, qui était accouru pour
adoucir, pour partager ses peines.
Une salle tendue en noir, éclairée par
une lampe funéraire, fut la retraite
où Cerdagne s'ensevelit; d'Aran eut
le courage de s'y renfermer avec lui,
d'entendre pendant plusieurs jours,
et de répondre à des soupirs et à
des plaintes continuellement répétés.

C'était ses soins et ses prières qui dé-
terminaient Cerdagne à prendre quelque nourriture : c'était sa conversation simple et attachante qui forçait
l'attention de son ami, et qui faisait
diversion à sa douleur.

D'Aran n'avait pas cette finesse,
ce tact exquis qui distinguaient Cerdagne; mais il avait un sens droit, et
son caractère réfléchi lui avait donné
le loisir d'étudier les hommes. Il sentit
d'abord qu'entreprendre de fermer
une plaie aussi fraîche, c'était vouloir la déchirer; il savait qu'une perte
aussi cruelle suspendait toutes les
fonctions de l'ame; mais aussi, lorsque les larmes se tarirent, que les soupirs devinrent moins fréquens, que le
nom de Léonore était prononcé avec
une sensibilité profonde, mais sans
aucune marque de désespoir, d'Aran
jugea qu'un attachement d'un autre

genre, mais aussi fort sans doute, ba-
lancerait d'abord le premier, l'empor-
terait bientôt sur de simples souvenirs,
et il prononça le nom de sa fille.

Au nom de cet enfant, dont Cerdagne ne s'était pas occupé encore,
il parut sortir d'une longue léthargie.
Il demanda instamment à voir sa
Séraphine, et d'Aran, habile à profiter du moment, lui représenta que
l'aspect de ce lieu lugubre pourrait
agir trop fortement sur des organes
si faibles encore. Il prit la main de
son ami, et l'amour paternel l'arracha de l'espèce de tombeau où l'avait
renfermé l'amour conjugal.

La vue de Séraphine rappela vivement l'idée de sa malheureuse mère;
mais insensiblement cet enfant réunit
tous les sentimens dont son père était
occupé. Il n'oublia jamais sa tendre,
son incomparable Léonore, mais il

l'aima dans sa fille; et sacrifiant à la mémoire de la première, à l'intérêt de la seconde, le reste d'une jeunesse très-brillante encore, il jura de ne jamais former d'autres nœuds, et fut fidèle à son serment.

Un an ou deux s'écoulèrent, et Cerdagne les avait passés tantôt chez lui, tantôt au château d'Aran. Les plaisirs nécessaires à un homme de vingt-cinq ans avaient repris leur cours ordinaire. Cependant leur uniformité fatiguait un jeune seigneur qui avait vu la brillante Sarragosse; sa jeunesse lui imposait la loi d'ajouter de nouveaux lauriers à ses premiers exploits; certain besoin de gloire, que l'amour ne contenait plus, se développait dans toute sa force; sa fille, très-riche héritière, pouvait, à la rigueur, se passer de son père, et son intérêt semblait exiger qu'il illustrât encore

3 * *

son nom déjà fameux. Sa vivacité naturelle lui faisait saisir avec avidité
des idées qui l'avaient flatté dans tous
les temps; mais de quel côté tourner
ses pas? L'Aragon était en paix avec
la Castille; les souverains espagnols
avaient conclu une trève de trois ans
avec les Maures : un fou lui procura
les occasions de se signaler.

Il était difficile alors, comme aujourd'hui, d'obtenir de la considération sans fortune, sans esprit et sans
naissance; on y arrivait par la dévo-
tion, et il n'est pas de faquin qui ne
soit flatté de sortir de la classe commune. Un malheureux d'Amiens,
nommé *Coucoupêtre* ou *Cucupiètre*,
et que nous connaissons sous le nom
de *Pierre l'Ermite*, fit long-temps
à la porte de la cathédrale les jongle-
ries que fit depuis à Rome Jean Labre,
autre gueux de Boulogne-sur-Mer,

qui ne fit et ne devait faire aucune
sensation au dix-huitième siècle, lorsqu'au douzième, maître Coucoupêtre
réussit à bouleverser l'Europe et l'Asie.

Parvenu à une certaine réputation à
Amiens, Coucoupêtre crut y ajouter
en allant visiter à Jérusalem le saint
tombeau, qui est un peu plus apocry-
phe que celui de Mahomet, car le prophète conquérant mourut et fut ense-
veli en roi; Jésus-Christ, au contraire,
vécut obscur, mourut du supplice des
misérables, et fut très-probablement
enterré comme eux. Quoi qu'il en soit,
on montre à Jérusalem une pierre
qu'on dit être le saint sépulcre. Sans
en faire l'historique, et pour cause,
moi, je veux bien y croire, parce
que cela m'est égal.

Notre gueux, revêtu par l'évêque
de la robe crasseuse et du cordon de
Saint-François, part la besace sur le

dos, s'arrête de porte en porte, reçoit
par-tout d'abondantes aumônes, et
arrive gros et gras à Jérusalem, qui a
été une ville superbe, à ce que disent les autres juifs, qui ont pu mentir sur cet article, comme sur mille
autres, mais qui certainement n'est
aujourd'hui qu'une bourgade.

Monsieur Coucoupêtre recommença
à Jérusalem les farces qu'il avait jouées
avec tant de succès à Amiens; mais
d'autres lieux, d'autres usages. Les
Mahométans le prirent pour un fou,
et les fous sont partout bafoués et
honnis par la canaille. Les Chrétiens
de la Palestine aiment beaucoup qu'on
leur porte des aumônes, et ne se sou-
cient pas d'en faire. Coucoupêtre fut
donc vilipendé par les infidèles, et
abandonné par les disciples de Christ.
Notre picard, opiniâtre comme tous
les gens de son pays, jura qu'il se

vengerait des uns et des autres, ce qui n'est pas très-chrétien; mais tout le monde sait que la religion doit ployer sous les petites passions de ceux qui la professent.

Coucoupêtre conçut un projet dicté par la démence; mais il n'est pas d'absurdité qu'on ne fasse adopter à des cerveaux exaspérés, et toute l'Europe avait alors la fièvre de la superstition. Si Coucoupêtre se fonda sur cette observation pour espérer quelques succès, il n'était pas aussi bête qu'on pourrait bien le croire.

Il se rendit à Rome, fut admis à baiser l'orteil du Saint-Père, et lui fit une peinture si touchante des avanies que l'on faisait essuyer aux chrétiens en Palestine, c'est-à-dire de celles qu'ils s'étaient attirées, qu'Urbain II, assez bonhomme, mais chrétien aussi vain et aussi entêté que Coucoupêtre, ne dédaigna pas de faire cause commune avec lui.

Il envoya gueuser de province en province, et communiquer partout son enthousiasme et son ressentiment. Le picard était vif, mais sans éloquence. Le ciel est avare de ce don, et aurait pu en faire part à un homme qui embrassait aussi chaudement ses intérêts. Coucoupêtre passa encore pour un fou, quand il proposa sérieusement aux heureux habitans de l'Italie d'aller conquérir l'Arabie-Pétrée, qu'il était impossible de garder. D'ailleurs, une figure assez commune, des sandales, des pieds crasseux, des reins ceints d'une corde, pouvaient donner une haute idée de la piété du personnage, mais n'annonçaient pas de moyens fort étendus. Coucoupêtre, à peu près aussi furieux contre les Italiens que contre les Mahométans, revint épancher sa bile dans le sein du Saint-Père.

Le Saint-Père trouva très-mauvais que tous les fidèles ne se fussent pas levés en masse à la voix de son envoyé. Plein de confiance dans ses talens oratoires et dans la grâce de Dieu, il convoqua un concile à Plaisance. Le coup élastique n'est pas d'un effet plus prompt aujourd'hui que l'était alors un mot, un seul mot du Saint-Père. Tout le clergé italien, jusqu'aux enfans de chœur, et environ trente mille laïques, se rendirent à Plaisance. Comme il n'y a pas eu, qu'il n'y a pas, et qu'il n'y aura jamais de bergerie assez vaste pour contenir un pareil troupeau, sa Sainteté fut obligée de haranguer en plein champ, ce qui n'est pas du tout avantageux à la poitrine d'un pape, ordinairement très-usée. Il perdit ses beaux mouvemens oratoires; mais en

se passant le mot de proche en proche, tout le monde sut qu'il s'agissait
d'aller guerroyer contre les Palestins,
qui avaient maltraité monsieur Coucoupêtre. On trouva le projet superbe, on s'écria de tous les côtés
qu'il fallait partir, et personne ne
bougea.

Le turc Soliman, maître déjà de la
plus belle partie de l'Asie mineure,
avait établi le siége de sa domination à Nicée, et semblait de là menacer Constantinople. L'empereur grec,
Alexis Comnène, sentait sa couronne
chanceler sur sa tête débile. Il ne
douta point que les chrétiens d'Europe, consultant leurs vrais intérêts,
ne s'unissent à lui pour faire rentrer
les Ottomans dans leurs premières li-
mites : ce plan avait le sens commun,
et voilà pourquoi il ne fut pas adop-
té. Les ambassadeurs qu'Alexis avait

envoyés à Plaisance furent à peine
écoutés.

Eh! le moyen que le pape soutînt
des Grecs qui ne voulaient pas adopter cinq à six mots qu'il avait plu aux
Romains d'ajouter au symbole, des
Grecs qui communiaient avec du pain
levé, et qui prétendaient que manger
en carême des œufs et du fromage,
c'était faire gras! Il était bien plus
simple de traverser leur pays à main
armée, de les piller si on pouvait, de
s'exposer à être défait par eux avant
d'arriver à la sainte pierre, objet de
tant de bruit : au moins on ne repro-
cherait pas au Saint-Siége d'avoir traité
avec des schismatiques.

Urbain, que Coucoupêtre avait tout-
à-fait enfiévré, ne fut pas rebuté par
le mauvais succès de sa première ten-
tative. Il compta sur l'esprit inquiet
des Français, sur leur enthousiasme

pour tout ce qui est nouveau et extraordinaire, sur une foule de seigneurs
perdus de dettes, de débauche, ai-
mant le plaisir, la guerre, le pillage
surtout, et devant seconder ses vues
par l'ignorance la plus crasse. Urbain
partit pour Clermont en Auvergne; il
pérora sur la grande place; les têtes
s'échauffèrent ; les Syriens vaincus,
conquis, dévalisés, leur pays partagé
entre vingt ou trente seigneurs qui
ne possédaient qu'un donjon entouré
d'un fossé bourbeux, flattèrent plus
les imaginations que la remise des
péchés commis et à commettre, que
promettait le Saint-Père à ceux qui
s'armeraient. On prit la croix à l'envi.
Moines, femmes, marchands, vivan-
diers, ouvriers, tout voulut partir.
On enrôla une infanterie innombra-
ble. Tous ceux qui pouvaient disposer
d'un cheval se réunirent en corps de

cavalerie. Les moindres châtelains partirent à leurs frais; les pauvres gentilshommes leur servaient d'écuyers. Godefroy de Bouillon, Baudouin son frère, et plusieurs seigneurs se croisèrent. Tous vendirent leurs biens au clergé, et ne les regrettèrent pas : ils allaient conquérir des royaumes. L'exemple d'une poignée de normands qui venaient de soumettre Naples et la Sicile, semblait justifier ces chimères; mais ces normands étaient commandés par Guillaume Fier-à-Bras, Drogon et Humfroi, et les Croisés l'étaient par Coucoupêtre. La reconnaissance, la piété et la bêtise lui avaient déféré cet honneur.

Voilà où en étaient les choses quand le bruit de cet armement extraordinaire pénétra dans la Catalogne. Cerdagne riche, désintéressé, ne pouvait être conduit par l'intérêt; ceux qui

aiment le plaisir ne sont pas dévots,
Cerdagne devait donc se soucier fort
peu d'indulgences : mais il était inquiet, inconstant, entreprenant; il
voyait de la gloire à battre les Ottomans; qui étaient redoutables alors;
sa fille était trop jeune pour l'intéresser beaucoup encore, d'Aran trop
raisonnable pour que sa conversation
fût variée, sa femme trop sage pour
faire attention aux grâces de Cerdagne,
et consentir à lui rendre le séjour de
la Catalogne supportable. Il trouvait
superbe d'être cité comme le plus brave,
le plus beau, le plus désintéressé
de l'armée des Croisés, de chercher
Soliman dans la mêlée, de le pourfendre, d'entrer à Nicée avec les fuyards,
de s'établir dans le sérail du maître,
et de prouver à ces dames qu'un seigneur catalan vaut tous les soudans
du monde.

Pendant plusieurs jours il entretint d'Aran et sa femme de ces folies. A force d'en parler, il se persuada à lui-même que son projet était le plus beau qu'on eût jamais imaginé; il proposa sérieusement à son ami de l'accompagner.

A cette proposition, madame d'Aran jeta les hauts cris; il n'était pas nécessaire qu'elle fît tant de bruit : d'Aran était sage, et il avait les inclinations casanières. Il fit ce qu'il put pour détourner Cerdagne d'aller pourfendre des turcs qui ne lui avaient rien fait : Cerdagne était têtu. Il fit ses préparatifs en secret; il chargea du soin de sa fille et de sa maison, Théodora, la plus âgée, la moins jolie, et la plus acariâtre, mais la plus affectionnée et la plus intelligente des femmes qui avaient servi sa Léonore; il laissa pour d'Aran un écrit par lequel il le chargeait du gouvernement en chef de ses propriétés; il sortit à la tête d'un train magnifique et d'une suite nombreuse. Il traversa les Pyrénées, le Roussillon, et joignit ces héros chrétiens, dont il s'était fait une si haute idée.

Il fut un peu étonné de voir à la tête de cette armée Coucoupêtre en uniforme d'ermite, un chapelet dans une main, et une rouillarde dans l'autre. Ce qui convenait à Bouillon, duc de Brabant, pouvait très-bien déplaire à un seigneur de Catalogne; mais il eût été dangereux de marquer du mécontentement, et Cerdagne se résigna.

Le général Coucoupêtre se mit en marche à la tête de quatre-vingt mille vagabonds. Il n'avait pas de magasins, ne doutant pas que les Chrétiens ne s'empressassent de gagner des indulgences en apportant sur la route des vivres à son armée. Il se trompa. Ceux qui avait des provisions les gardèrent, suivant un adage très-vieux et toujours très-neuf : *Primò mihi*.

Cependant il faut avoir l'estomac garni pour se battre en faveur de Dieu, comme en faveur du Diable. On avait faim, et le miracle des cinq pains ne se renouvelait pas. On était près d'une petite ville chrétienne de la Hongrie, nommée *Malavilla;* le général ermite somma ses frères en Jésus-Christ de nourrir ceux qui allaient délivrer le saint tombeau : *Primò nobis*, répondirent ceux de Malavilla. Aussitôt la ville est attaquée, prise d'assaut, livrée au pillage, et les habitans égorgés. Un des lieutenans de l'ermite, *Gautier - Sans - Argent*, traitait aussi formellement les chrétiens de Bulgarie. Une autre horde de ces aventuriers s'imagina qu'il fallait exterminer tous les juifs, parce qu'ils avaient pendu Jésus-Christ. Il y en avait un nombre considérable sur les frontières de France ; ils tenaient l'entrepôt du commerce entre la Germanie et la Gaule. On les massacra au nom de Dieu. Verdun, Spire, Worms, Cologne et Mayence furent inondés du sang de ces malheureux. Jamais, depuis Adrien, on n'en avait fait un aussi horrible massacre.

Les peuples voisins, irrités de cette conduite qui n'était pas chrétienne du tout, se réunirent contre ces brigands. Les *Pater* et les *Ave* de Coucoupêtre étaient sans vertu contre la tactique des chefs qu'on lui opposa. Il fut battu dans toutes les rencontres, et arriva enfin devant Constantinople avec vingt mille malheureux mourant de faim.

D'autres

D'autres vagabonds italiens et alle-
mands s'étaient rassemblés près du
Bosphore, et se réunirent au général
ermite. Tous avaient besoin de la
protection de l'empereur grec, et ils
commencèrent par piller les environs
de sa capitale. L'empereur grec pouvaient aisément exterminer cette foule
sans ordre, sans discipline : il aima
mieux traiter avec eux. Il leur fournit
des bâtimens pour les porter à l'autre
rive du Bosphore.

Le général Pierre eut enfin le plaisir
de se trouver aux prises avec les Mahométans. Soliman sortit brusque-
ment de Nicée, à la tête de ses meil-
leures troupes ; il fondit sur les disciples de Christ, et les tailla en pièces.
Monsieur Coucoupêtre se sauva du
massacre avec beaucoup de peine, et
retourna à Constantinople. Il était
seul, on ne le craignait plus ; on le

reçut avec le mépris qu'on aurait dû lui marquer partout.

Vous prévoyez aisément que les premières sottises de Coucoupêtre avaient fait abandonner ses drapeaux par tout ce qu'il y avait d'illustre et de raisonnable parmi les Croisés. Il ne lui resta que la canaille, à qui il procura l'inestimable avantage de mourir de la mort des martyrs.

Godefroi de Bouillon était à la tête de soixante-dix mille fantassins et de dix mille cavaliers couverts de fer. Hugues, frère du roi de France, Philippe Ier, s'avançait par l'Italie, suivi d'une foule de seigneurs. Robert, duc de Normandie, engagea cette province au roi d'Angleterre, pour avoir de quoi payer les frais de son armement : superstitieux et pillard, il devait entreprendre le saint voyage. Le vieux Raymond, comte

de Toulouse, souverain du Langue-
doc et d'une partie de la Provence,
passa les Alpes à la tête de près de
cent mille hommes. Bohémond, fils
de Robert, conquérant de la Sicile,
rassembla dix mille cavaliers bien
équipés, et quelques fantassins. Cet enthousiasme épidémique avait gagné
partout, et les Asiatiques pouvaient
croire qu'il n'y avait que des fous en
Europe, mais des fous de la plus dan-
gereuse espèce. La princesse Anne
Comnène, fille de l'empereur grec,
a décrit ces événemens, dont elle était
témoin oculaire : « On eût cru, dit-elle,
que l'Europe, arrachée de ses fonde-
mens, allait tomber sur l'Asie ».

L'empereur était fort incertain du
parti qu'il prendrait avec des gens
beaucoup plus redoutables que Coucoupêtre et ses goujats. Les Croisés
voulaient des vivres ; l'empereur, en

4*

affamant sa capitale, n'en eût pas
fourni une demi-ration à chaque
homme. Il négocia, il fit des présens.
Godefroi, qui avait faim, n'entendait
pas raison ; il attaqua les faubourgs
de Constantinople. L'empereur les
défendit assez bien pour un prince
amolli. Un évêque auvergnat, nommé
Monteil, voulait absolument qu'on
commençât la guerre contre les infidèles, en assiégeant la capitale du
premier prince chrétien : Bohémond
appuyait l'enragé auvergnat. Alexis
calma Bohémond en lui abandonnant
des ouvrages d'or et d'argent, des
bijoux de toute espèce, qui emplis-
saient un cabinet du palais impérial.
Il fit distribuer des vivres ; il fit passer
successivement tous ces corps d'armée dans l'Asie mineure, et, trop heureux d'en être débarrassé, il ordonna
des prières publiques pour le succès

de leurs armes, en souhaitant intérieurement que les Mahométans les
enterrassent, jusqu'au dernier, à côté
de leur divin maître.

Cette multitude fut passée en revue
près de Nicée. Il est exactement vrai
qu'on compta cent mille cavaliers, et
six cent mille fantassins. Les Gênois,
les Pisans, les Grecs eux-mêmes lon-
geaient les côtes de l'Asie mineure,
avec des vaisseaux chargés de vivres, qu'ils vendaient chèrement aux
Croisés.

Coucoupêtre venait de reparaître
sur la scène. Il criait à tous les chefs
qu'un homme comme lui devait être
employé : Godefroi en fit son premier
aumônier; et Coucoupêtre, après avoir
fait cahoter le coche, se contenta d'en
être la mouche.

Le malheureux Soliman ne concevait pas l'acharnement qu'on met-

tait à sa perte. Il se défendit en brave
homme, mais il céda à ce déborde-
ment européen. Ses armées furent
battues deux fois : sa ville de Nicée
fut prise, pillée, brûlée en l'honneur
de Jésus-Christ.

Chacun commença à penser à soi.
Bohémond se fit abandonner Antio-
che, et le pays qui en dépend. Baudouin s'empara d'Edesse, et se fit
souverain d'un pays qui ne valait pas
six bourgades de son duché de Brabant. Chacun voulait dominer, et
chacun établit sa domination sur un
petit coin de la Palestine. Il y eut des
comtes de Joppé, des marquis de
Galilée, de Sidon, d'Acre, de Césa-
rée. On s'occupa enfin de l'affaire
principale en apparence, mais qui
n'était qu'accessoire par le fait : on
mit le siége devant Jérusalem, et la
ville fut emportée d'assaut le trente-

cinquième jour. Il est clair que les
Mahométans qui avaient respiré l'air
de la sainte Sion, méritaient tous la
mort; aussi ne fit-on grâce à aucun.
Les chrétiens pacifiques de Jérusalem
conduisirent les vainqueurs dans des
souterrains où s'étaient réfugiés les
femmes et les enfans; tout fut égorgé
sans pitié, et les fidèles, dégoutans
de sang, allèrent en procession chanter un *Te Deum* autour du saint tombeau. Telles sont les plates horreurs
qui ont produit le plus beau des
poëmes dont s'honore l'Italie.

Il y eut encore d'autres croisades,
jusqu'à celle qui se termina par la
mort de saint Louis. Il est assez inutile de vous raconter ces pieuses ex-
travagances, qui, pour l'esprit et la
conduite, se ressemblent générale-
ment. D'ailleurs l'intervalle de la première à la dernière croisade étant

d'environ trois cents ans, vous sentez
que Cerdagne n'a pu les faire toutes,
et je reviens à mon galant espagnol.

Il s'était battu en brave paladin. Il
était lié avec Renaud et Tancrède,
redouté d'Argant, aimé clandesti-
nement d'Herminie, de Clorinde,
d'Armide, et de toutes les belles de la
famille du Tasse; mais il plaignait
intérieurement ce pauvre Soliman,
dont on dévastait les états, uniquement parce qu'il portait un turban;
le libertinage, la crapule de la plupart
des Croisés le révoltaient; il était excédé des bénédictions et des *Oremus*
de Coucoupêtre, choqué de la morgue
d'Amberto, légat du pape près des
Croisés : il avait cru faire la guerre
en chevalier, et les chrétiens se conduisaient en bouchers. Il prit congé
de Godefroi de Bouillon, après la prise
de Jérusalem, c'est-à-dire, six ans

depuis qu'il avait quitté son château. Il reprit la route de Constantinople avec ce qui lui restait de cette
suite brillante qui l'avait accompagné.
Alexis Comnène était un prince doux;
Anne, sa fille, était sensible : Cerdagne fut reçu comme un homme qui
réunissait l'amabilité grecque à la valeur, qui séduit partout. Il acheva
de se former à la cour d'Alexis, et
perdit jusqu'à la trace de cette ru-
desse qui distinguait encore les seigneurs d'Europe.

Après deux années de séjour à Constantinople, Cerdagne partit chargé
des bienfaits de l'empereur. Plus riche, plus aimable que jamais, il prit
la route de la Catalogne : il approchait
de l'âge où on préfère une vie tran-
quille aux plaisirs bruyans et aux rêves de l'ambition. Sa fille, qu'il connaissait à peine, et qui entrait dans sa

4**

douzième année, lui promettait les
jouissances du cœur, dont il se faisait
d'avance une idée délicieuse. Son éducation devait être son ouvrage ; quelques années encore, et il s'occuperait
de son établissement : tout concourait
à le fixer en Catalogne.

D'Aran avait quarante-cinq ans et
quelques infirmités. Depuis long-
temps son épée et sa cuirasse étaient
rouillées ; ses lièvres et ses chevreuils
rongeaient en paix les récoltes que
ses paysans n'osaient défendre ; madame d'Aran n'était plus que son
amie ; il passait le temps à écrire à
son fils, espiègle déterminé, qui faisait ses exercices à Sarragosse, à se
faire lire la bible par Trufaldin, que
je vous ferai bientôt connaître, et à
boire de très-bon vin en assez grande
quantité pour avoir de fréquens accès
de goutte.

Louis XI, qui ne naquit guère que
deux cents ans après, n'avait pas encore pensé à rétablir les postes, si
régulièrement servies sous l'ancien
empire romain : d'Aran n'avait donc
reçu aucune nouvelle de Cerdagne.
Il le croyait encore avec ces enragés
qui avaient couru en Judée, sans savoir pourquoi. Il s'était mis à la tête
de ses affaires, les régissait en ami fidèle, montait à cheval quand sa santé
le permettait, parcourait ses domaines, faisait réparer son château, et
allait une fois l'an à Barcelonne visiter
la petite Séraphine, qu'il avait mise
dans un couvent fameux pour l'éducation des jeunes demoiselles. Là,
elle apprenait à lire, à coudre, à
prier Dieu, à rougir, et à faire des
confitures pour les malades. Depuis
tout a changé. Il faut aujourd'hui que
les jeunes personnes sachent chanter,

toucher du piano, peindre, danser,
tout faire avec grâce, même un faux
pas; aller au spectacle, lors même
qu'on donne le Mariage de Figaro, y
paraître la gorge et les bras nus, y re-
cevoir, y glisser un billet doux; c'est
charmant : mais au bon vieux temps
on ne connaissait pas tout cela.

D'Aran était au coin de son feu,
la jambe étendue sur un coussin couvert en cuir; il sommeillait pendant
que Trufaldin, assis sur un tabouret,
un pupitre devant lui et la Bible ouverte, lisait avec onction le saint in-
ceste du saint homme Loth avec ses
saintes filles; madame d'Aran travail-
lait, de l'autre côté de la cheminée,
à un morceau de tapisserie qui repré-
sentait le roi Agag haché en morceaux
par ordre du saint prophète Samuël;
une demoiselle suivante raccommo-
dait, derrière sa maîtresse, une paire

de haut-de-chausses; une autre jouait
avec le faucon favori; tout le monde
était occupé, lorsque cinq à six cor-
nets sonnèrent à la fois en dedans et
en dehors du château. On a eu à peine
le temps de lever les yeux, et une
troupe de cavaliers est entrée au galop dans les cours. D'Aran, réveillé
en sursaut, s'écrie : Ce sont les Maures! Il se lève pour sauter sur son
épée de bataille, la goutte le cloue
sur le pavé; Trufaldin renverse son
pupitre, et se sauve à la cave; madame d'Aran se jette sur une estrade,
et les demoiselles suivantes, qui n'ont
pas oublié le capitaine Diégo, vont
bravement ouvrir la porte.

Cerdagne entre, en riant aux éclats
du désordre qu'il a causé. On le reconnaît, on se précipite dans ses bras,
on le reçoit comme un ami qu'on ne
comptait plus revoir. Après les em-

brassades, vinrent les épanchemens; ensuite on parla d'affaires, car enfin on ne peut pas toujours s'embrasser et se dire des douceurs.

En écoutant ce que d'Aran lui racontait de ses soins pour sa fille et de l'entretien de ses châteaux, Cerdague lorgnait la suivante qui avait repris le faucon au poing. Elle avait vingt-quatre ans, elle était fort jolie, avait beaucoup d'esprit naturel, copiait à merveille les grands airs de sa maîtresse, et se livrait indistinctement à la volupté ou à la morale, selon que ses petits intérêts ou les circonstances l'exigeaient. En répondant tant bien que mal à d'Aran, Cerdagne s'approchait de la belle, caressait l'oiseau d'une main qui en masquait une autre qui cherchait à s'occuper plus agréablement. Rotrulde repoussait doucement la main audacieuse, et regar-

dait le paladin avec étonnement. Elle
ne concevait pas qu'un seigneur qui
avait vécu dans la plus grande inti-
mité avec de grandes dames, voire
même des princesses, pût s'amuser à
cajoler une suivante, et cela était tout
simple : les empressemens qu'on marque à une femme. ne se mesurent guère
que sur ses agrémens. Cependant Rotrulde n'avait pas entendu l'ordre,
deux fois répété par la comtesse, d'aller dire au majordome de traiter plus
splendidement encore que de coutume :
elle était occupée à se défendre, ou
l'attaque lui plaisait trop pour qu'elle
fût à autre chose; la troisième invita-
tion fut prononcée si haut et avec tant
d'humeur, que Rotrulde fit un mouvement aussi rapide que la pensée pour
obéir à sa maîtresse; mais Cerdagne
lui pressait fortement le genou : elle
perdit l'équilibre, fit une volte pour

se remettre, et ne pensa plus à l'oiseau.
Elle lâcha la chaîne, et le faucon, effrayé de ces tournoiemens, s'enfuit à
tire-d'ailes, traînant sa chaînette après
lui. Il sortit par une croisée qu'on avait
laissée ouverte pour donner issue à la
fumée : on ne savait faire encore, au-
dessus des foyers, que de larges con-
duits par lesquels l'air ne tirait point,
et on ne connaissait pas les fumistes.

Je voudrais bien voir nos belles
d'aujourd'hui dans une halle de vingt
pieds carrés, surmontée d'une voûte
gothique, pavée de larges pierres; je
voudrais les voir les mains, la figure
enfumées, les yeux rouges, et rire et
chanter malgré cela. C'est pourtant
ainsi que vivaient nos pères, et ils
étaient fiers comme on l'est aujour-
d'hui.

Madame d'Aran appelait l'oiseau
chéri, et l'oiseau n'entendait rien :

une terreur panique nous prive de
tous nos sens. Il volait d'un donjon
sur une tourelle, de là sur les créneaux
de l'enceinte; il se percha ensuite sur
l'écusson de la maison d'Aran, qui
décorait l'extérieur de la principale
entrée. Un hibou s'était retiré sous
l'aile d'un aigle de pierre qui formait
le support, et s'envola à l'approche
de l'oiseau royal. Il se jeta dans la
campagne; le faucon retrouve son
instinct, il vole après le hibou : madame d'Aran le perd de vue, et s'éva-
nouit. Cerdagne, toujours galant,
même avec les femmes dont il ne se
souciait pas, Cerdagne appelle ses
piqueurs, demande son palefroi, et
veut se mettre à la quête du diable de
faucon. Ses piqueurs, fêtés par la va-
letaille du château, n'entendent pas
la voix du maître. Cerdagne se décida
au parti qu'on devrait toujours pren-

dre pour être bien servi, celui de se
servir soi-même. Il prend le chemin
des écuries, et entend un carillon in-
fernal dans la cave devant laquelle il
passait. Il prête l'oreille, il croit distinguer une voix de femme; et comme
une femme, quelle qu'elle soit, l'intéresse plus que tous les oiseaux du
monde, il oublie le faucon, et descend, au risque de se casser le cou
sur les degrés.

Vous vous rappelez qu'au cri terrible du comte d'Aran, *ce sont les
Maures!* Trufaldin s'était réfugié à
la cave. Il s'était blotti comme un lièvre derrière un tonneau de vin, tremblant de tous ses membres, et priant
Dieu comme on le prie quand on a
peur. Rotrulde avait exécuté les ordres de madame; le majordome avait
envoyé le sommelier à la cave, et
Rotrulde y était descendue avec lui;

arce qu'elle avait les clefs des petits caveaux de madame, et qu'elle n'était as fâchée d'avoir un prétexte pour se trouver en tête à tête avec le sommelier.

Je ne finirais pas, si je détaillais les commodités et les douceurs de la vie qu'on ne soupçonnait pas au douzième siècle. Il faut pourtant que je vous dise qu'on était bien éloigné de mettre le vin dans des bouteilles de verre, car si on en avait eu, le sommelier n'aurait pas été remplir ses damejeannes de grès au tonneau derrière lequel s'était tapi Trufaldin.

Trufaldin, en entendant jouer le robinet, ne doute pas que les Maures ne viennent boire le vin de son suzerain. Sa peur augmente un moment, mais le calme qui régnait autour de lui, lui rend l'usage de la réflexion. Il pense que le Maure est seul, qu'il vient à la provision pour ses cama-

rades, que s'il l'aperçoit il lui fera
sauter la tête d'un revers de son ci-
meterre, et qu'il est facile de le pré-
venir, sauf à devenir ensuite ce qu'il
plairait à Dieu.

Trufaldin n'était pas homme à as-
sommer un Maure d'un coup de poing;
il lui fallait une arme, et il n'en avait
pas. Il invoqua Samson, qui, avec certaine mâchoire, se tira d'un pas bien
plus épineux; et comme il est dit dans
l'Écriture : Aide-toi, et je t'aiderai,
Trufaldin cherche doucement autour
de lui. Une masse de bois, qui servait à bondonner et à débondonner
les pièces, lui tombe sous la main; il
se glisse le long de la pièce. Le bon
sommelier, le dos baissé, son bout de
résine allumé d'une main, sa dame-
jeanne de l'autre, pensait à sa petite
Rotrulde, qui ne devait par tarder
à sortir du caveau de madame. Le

mal-adroit Trufaldin fait quelque
bruit : Ah ! te voilà, ma belle, dit le
pauvre sommelier. Un coup terrible
lui tombe d'à-plomb sur les reins, et lui
arrache un cri qui fait retentir les voûtes souterraines; sa résine s'échappe,
et s'éteint dans le vin qui continue de
couler : Trufaldin ne veut pas laisser
sa victoire imparfaite; il allonge autour de lui de nouveaux coups, qui
d'abord ne frappent que l'air, mais
bientôt l'instrument à bondons lui
meurtrit la rotule du genou avec une
telle violence, que le cœur lui manque, et qu'il tombe à vingt pas du
vaincu.

Mademoiselle Rotrulde, effrayée du
cri du sommelier, accourait à la hâte,
elle dirigeait son flambeau vers l'endroit où devait être son bien-aimé;
son œil cherchait à percer les ténèbres dans l'éloignement, elle ne pre-

nait pas garde à ce qui se passait à
ses pieds. Elle accroche Trufaldin,
elle chancelle, elle tombe, elle roule,
en criant à son tour; son flambeau,
son panier, deux jolies dame-jeannes,
tout s'échappe, se heurte, se brise;
le vin de Pobla coule sous sa cotte,
une obscurité profonde ramène la
terreur dans tous les esprits.

Cerdagne était descendu aussi vite
que le permettaient les ténèbres et un
escalier tournant qu'il ne connaissait pas. Il appelle, il écoute; personne ne répond. Il avance, il met le
pied dans la boue formée de la terre
glaise qui garnissait la cave, et du
précieux vin de Pobla, il glisse, il
tombe à son tour, mais il tombe assez
heureusement. Des cheveux tressés et
rattachés sur le haut d'une tête mi-
gnonne, se rencontrent d'abord sous
sa main. Il est assez naturel de con-

naître à quel ennemi on a affaire, et
Cerdagne continue la plus exacte inspection. Une fraise plissée et droite
garnissait le derrière de la tête, et
descendait sur quelque chose d'intéressant, qui cependant n'arrêta pas le
paladin : les grands hommes ne s'a-
musent pas aux détails. Celui-ci donna
toute son attention à une cotte d'un
tissu d'écarlate, bordée par le bas d'un
réseau d'or. Sous cette cotte était le
plus joli petit pied, la jambe la mieux
tournée, et probablement quelque
chose de plus séduisant. Je ne sais
pas ce que le paladin fit de tout cela;
mais je puis assurer que l'examen fut
long, que Rotrulde était très-rouge
et Cerdagne très-gai quand ils ren-
trèrent dans la salle.

Madame d'Aran avait son oiseau
au poing, et le couvrait de baisers :
son retour était une espèce de mira-

cle. Une demoiselle suivante, qui ne
pouvait pas voler après lui, était mon-
tée sur la plus haute des tourelles
pour suivre au moins son vole des
yeux. Elle l'avait vu saisir et mettre
en pièces le malheureux hibou, lorsqu'un vautour vint à tire-d'ailes fon-
dre sur le faucon. Un danger immi-
nent fait bientôt oublier un danger
chimérique. Le faucon jugea, comme
bien d'autres, qu'il valait mieux fuir
que soutenir un combat inégal. Il avait
repris son vol vers le château, il était
rentré par la fenêtre par laquelle il était
sorti, et la joie de madame d'Aran ne
lui permettait pas d'observer ce qui
se passait autour d'elle.

Cerdagne faisait l'aimable en se
chauffant les gras des jambes devant
le foyer, et il ne s'apercevait pas que
le devant de son pourpoint, de son
haut-de-chausses, et le cuir rouge de
ses

ses bottines à entonnoir étaient couverts de terre glaise et de vin de Pobla.
Rotrulde, toujours rouge et toujours
les yeux baissés, avait pris de l'ouvrage pour lui servir de contenance,
et elle ne se doutait pas que le vin de
Pobla et la terre glaise couvraient le
derrière de ses tresses, de sa fraise,
de son juste et de sa cotte. Madame
d'Aran, lasse de caresser son oiseau,
jeta les yeux sur Cerdagne, et partit
d'un éclat de rire. D'Aran fit un effort,
se tourna paisiblement de côté pour
savoir de qui on riait; il vit, malgré
les oreillettes de son grand fauteuil,
le devant glaisé de son ami, et rit à
son tour. Cerdagne interdit d'abord,
s'examina enfin, et rit avec les autres.
Il raconta l'aventure de la cave avec
beaucoup de grâce et de facilité, mais
il la raconta comme il voulait qu'on
la crût. Les femmes sont pénétrantes.

Madame d'Aran regardait Rotrulde
pendant que Cerdagne contait. La
petite, qui craignait que le paladin
ne la sacrifiât au plaisir de dire un
bon mot, était plus embarrassée que
jamais, et cet embarras ne parut pas
naturel à sa maîtresse. Elle jugea que
Rotrulde devait avoir enlevé aussi une
certaine portion de terre glaise et du
vin de Pobla. Pour savoir précisément
à quoi s'en tenir, elle envoya Rotrulde
chercher, dans sa chambre à coucher,
son fuseau d'or et sa laine de Ségovie.
Elle se pinça les lèvres en voyant le
derrière de sa fille d'honneur jaspé
d'une étrange manière; elle se recueil-
lit pour décider ce qu'il y avait à
faire dans une circonstance aussi im-
portante, et jugea que, sans faire
des reproches à Cerdagne, sans même
entrer en explication avec lui, il fallait
congédier Rotrulde, qui bien certai-

nement n'avait pas provoqué le chevalier; et voilà comme les grands font justice.

Dans sa narration, Cerdagne n'avait pu parler ni de Trufaldin, ni du sommelier, parce qu'il n'avait pas laissé à Rotrulde le temps de lui en rien dire. Cependant d'Aran avait conclu, avec beaucoup de sagacité, que le bruit que son ami avait entendu à la cave devait nécessairement avoir une cause. Il fit venir quelques écuyers, ordonna à ses valets de porter des flambeaux devant eux, et envoya voir dans le souterrain ce qui avait pu donner lieu à ce vacarme.

On descend : on trouve le sommelier étendu sur le ventre, l'épine du dos fracassée. On l'entoure, on le relève, et Trufaldin, plein de l'idée que les Maures sont maîtres du châ-

teau, et qu'ils vont venger sur lui la
mort de leur camarade, Trufaldin se
relève à genoux, commence à haute
voix son *Confiteor*, et se psalmodie
un *De profundis*. On avance à sa
voix; il reconnaît les commensaux de
la maison, il juge que les Maures sont
en fuite, il retrouve ses sens et ses
forces, et il raconte gravement qu'il
a tué un ennemi de six pieds de haut,
qui buvait le vin du patron. Un écuyer
plus vif que les autres, lui répond qu'il
a cassé les reins au sommelier, et qu'il
n'est qu'un imbécille. Trufaldin, très-
bonhomme, fond aussitôt en larmes,
et se jette sur le corps de son ami le
sommelier, à qui il fait un mal épouvantable. On veut l'écarter; il serre le
blessé dans ses bras, en lui demandant
pardon, et le serre si bien qu'il lui
fait passer une vertèbre à travers la
peau. Le pauvre sommelier, excédé

de douleur, croit se défaire de Trufaldin en lui mordant vigoureusement
l'oreille ; Trufaldin croit mettre fin
à son supplice en appliquant un vigoureux coup de poing sur la face du
sommelier : celui-ci serre plus fort ;
Trufaldin crie plus haut ; l'écuyer
dont j'ai déjà fait mention, s'impa-
tiente, prend Trufaldin par l'autre
oreille, et l'envoie rouler dans la
terre glaise et le vin de Pobla.

On remonte le sommelier sur une
espèce de brancard qu'on a fait en
croisant quelques piques. Trnfaldin
suit en silence, son mouchoir sur les
yeux. Il paraît au grand jour, et fixe
tous les regards. Sa jaquette noire est
garnie de haut en bas comme le devant de Cerdague et le derrière de
Rotrulde, et il a une épaule cou-
verte de sang, parce que l'écuyer
l'a tiré avec tant de violence par une

oreille, que l'autre est restée dans la bouche du sommelier.

On s'occupe aussitôt des blessés. Un frater qui ne savait d'anatomie que ce qu'on en connaissait dans un temps où c'était un sacrilége d'exhumer des morts, décida, et devina juste, que le sommelier en serait quitte pour être bossu, et Trufaldin pour la perte de son oreille.

Trufaldin était un pauvre diable, fils d'un cordelier d'Urgel, et de la cuisinière d'un prébendier du chapitre de Sainte-Thérèse de la même ville; il ne fut en conséquence reconnu par personne; mais le révérend père veillait sur le fruit de ses amours, et payait les mois de nourrice avec l'argent que les fidèles destinaient à l'entretien des autels. A l'âge de quatre ans, il le mit chez une dévote, à qui il persuada de se charger du pauvre or-

phelin pour l'amour de saint François.
A sept ans, Trufaldin servait joliment
une messe; à huit ans, il savait lire;
à dix, il savait autant de latin que
son papa avait pu lui en apprendre.

Les révérends pères cordeliers,
étonnés de la prodigieuse facilité de
cet enfant, délibérèrent en chapitre
sur son sort, et l'admirent dans le
couvent en qualité de marmiton. C'est
là qu'il se perfectionna dans la belle
latinité, au point d'entendre parfaitement les psaumes, et de soutenir
facilement une conversation dans ce
latin, vulgairement appelé *latin de
cuisine*.

C'était plus qu'il n'en fallait pour
être cordelier; mais Trufaldin voulait
devenir un des aigles de l'ordre. Dis-
pensé à quatorze ans du service de la
cuisine, à cause de son grand savoir,
il se livra uniquement à l'étude; il

lut les pères de l'église et les plus
fameux théologiens ; il commenta l'A-
pocalypse, il fournit des articles à
la Fleur des saints et à la Légende
dorée : dans ses momens perdus, il
apprenait le plain-champ ; et comme
il avait la voix très-forte, il éco-
nomisa bientôt un serpent à la com·
munauté.

Tant de gloire ne pouvait être con·
tenue par les murailles de la petite
ville d'Urgel ; elle s'étendit jusqu'en
Aragon. Le révérendissime évêque de
Sarragosse, car les évêques n'avaient
pas encore l'orgueil anti-évangélique
de se donner du monseigneur, le révérendissime voulut voir ce miracle nouveau de saint François. Il avait convo-
qué ce qu'il y avait de plus ergoté en
théologie, pour décider d'un cas im-
portant sur la conception de la vierge
Marie. Ces assemblées se nommaient

conciles provinciaux, et le prieur
des cordeliers d'Urgel, qui se croyait
très-savant, ne manqua pas de partir
pour Sarragosse. L'évêque l'avait in-
vité à amener Trufaldin avec lui; mais
les laïques ne pouvaient être admis aux
conférences. Trufaldin, après un court
examen et des réponses qui charmèrent
le prélat, reçut de sa main les quatre
mineurs, ou, pour parler plus claire-
ment, il fut tonsuré.

Le grand jour arriva enfin, et l'é-
vêque proposa la fameuse question,
*an virgo Maria semen emiserit in
copulatione cum Spiritu sancto?* La
discussion s'engagea gravement d'a-
bord, vivement ensuite, enfin tout le
monde parla à la fois, et on eût parlé
pendant des siècles sans s'entendre,
si Trufaldin n'eût demandé humble-
ment la parole; et sans se jeter dans
des discussions scientifiques, il tran-

cha la question avec deux mots:
Mulier erat; ergo semen emisit.

L'évêque, étonné qu'un enfant de
quinze ans décidât avec autant de
précision un cas qu'il ne devait pas
même entendre, le fit mettre à genoux devant son fauteuil, lui donna
sa bénédiction, et y ajouta un *pax
tecum,* un baiser au front, et prononça qu'un jour cet enfant s'asseoirait
sur la chaire de saint Pierre.

Pour aider lui-même à l'accom-
plissement de sa prophétie, le prélat
notifia au prieur qu'il entendait garder le jeune néophyte au palais épis-
copal, où il serait à la source des lu-
mières. Cette notification déplut beaucoup au cordelier; mais comme un
moine n'a rien à refuser à un évêque,
il fit de nécessité vertu, et s'en retourna seul à Urgel.

Voilà donc Trufaldin bien vêtu,

bien logé, bien nourri, admis à la familiarité du révérendissime, occupé à faire ses mandemens, à lui trouver des citations pour ses prônes, et ayant la perspective du premier bénéfice vacant et du saint ordre de prêtrise quand il aura l'âge requis : le diable en ordonna autrement.

Parmi ses familiers, l'évêque avait un jeune clerc, de ceux qu'on a depuis nommés *enfans de chœur*, et qui n'étaient pas tondus encore. Celui-ci avait des cheveux blonds qui tombaient par boucles sur ses épaules; un sourcil noir bien marqué couronnait un œil bleu plein de douceur et d'expression; des lèvres rosées s'entr'ouvraient pour laisser voir les plus belles dents du monde; sur ses joues le duvet de la pêche; de l'embonpoint, la main charmante, et beaucoup de piété, tel était le petit Pedro.

C'est lui qui habillait et déshabillait le révérendissime, qui, par humilité, ne voulait point de valet de chambre; c'est Pedro qui lui apportait son déjeûner, qui le revêtait des habits sacerdotaux, qui servait sa messe quand il lui plaisait de la dire, qui dînait à côté de lui pour lui couper ses morceaux et lui verser à boire : mais aux heures de travail, il laissait la place d'honneur à Trufaldin, allait assister aux offices, revenait souper, et se coucher dans une chambrette que l'évêque avait fait arranger auprès de sa chambre à coucher, pour le trouver s'il avait quelque besoin la nuit, et pour établir le jour plus de facilité dans le service.

Pedro et Trufaldin étaient à peu près du même âge. Ils se lièrent insensiblement, bien que le révérendissime fît ce qu'il put pour empêcher toute

relation directe entr'eux. Un jour que
le prélat officiait pontificalement,
Pedro quitta sa stalle, et vint en occuper une vide à côté de Trufaldin.
Deux jeunes gens qui ne peuvent se
parler qu'à la dérobée, ont nécessairement beaucoup de choses à se
dire quand ils peuvent causer en liberté. Ceux - ci allaient en venir aux
confidences, et Pedro en pouvait
faire d'assez extraordinaires, lorsque
le prélat se retourna pour pousser un
Dominus vobiscum.

Il chercha son Pedro des yeux, et
le trouva, en prolongeant un peu
plus que de coutume l'extention de
ses bras. Il fronça le sourcil, en le
voyant dans la stalle voisine de celle
de Trufaldin, et lui fit signe de retourner à la sienne. Pedro, en quit-
tant son camarade, lui dit que sa
chambrette avait un escalier dérobé

qui descendait à l'oratoire de l'évêque, où on entrait par la salle des
conférences, qui communiquait à la
salle des retraites, laquelle ouvrait
sur la salle à manger, qui était ouverte à toute heure. Il glisse à Trufaldin une clef qui ouvrait toutes les
salles, et il ajoute qu'il l'attendait à
minuit, si toutefois le révérendissime
n'avait pas besoin alors de ses ser-
vices; mais dans tous les cas, il ne
se ferait pas long-temps attendre.

Trufaldin n'entendait rien à cette
manie de vouloir passer les nuits à
jaser : jusqu'alors elles lui semblaient
faites pour dormir, et la conversation
du petit Pedro, bien qu'elle lui plût
beaucoup, ne lui paraissait pas un
dédommagement de son sommeil. Il
ne s'occupa plus de cela, et se remit à chanter machinalement ses *an-
tiennes* d'une voix qui faisait réson-

ner, comme un tambour, les voûtes de la cathédrale.

Après l'évangile, le révérendissime était monté en chaire pour faire le prône. Il allait prêcher contre l'intempérance; il avait arrangé une description très-agréable et très-poétique de la goutte, qui en est la suite; Trufaldin avait trouvé dans le Psalmiste un texte qui renfermait tout le prône en quatre mots : *Pedes habent, et non ambulabunt;* et le prélat avait daigné sourire à l'à-propos de la citation.

Mais ce prélat était un pauvre latiniste. Il débita avec emphase : *Pedes habent, et non ambularunt.* « *Ambulabunt!* s'écria tout haut Trufaldin. Que diable, révérendissime, quand je vous donne un texte, je n'y fais pas de solécismes ». Tout l'auditoire se

mit à rire : le révérendissime se dé-
concerta, la mémoire lui manqua
net, il fut obligé de descendre, et de
retourner continuer sa grand'messe.
En passant devant Trufaldin, il lui
lança un regard foudroyant. Trufaldin sentit bien qu'il venait de faire une
sottise; mais ce n'est pas à quinze ou
seize ans qu'on est maître de contenir
sa fatuité, ce n'est pas même l'âge des
longs repentirs. Il ne pensait plus au
solécisme, ni même au prône, quand
vint l'heure de se mettre à table; mais
la conduite du prélat lui fit sentir qu'il
conservait de la rancune. Ce fut Pedro
qui reçut l'ordre de dire le *Benedicite*,
que récitait ordinairement Trufaldin;
ce fut Pedro qui resta enfermé avec
l'évêque à l'heure où Trufaldin avait
coutume de travailler avec lui; ce fut
Pedro qui fit la prière du soir, de
toute la journée; enfin Trufaldin ne

put approcher son révérendissime. Il
jugea qu'on ne l'avait pas encore ren-
voyé, de peur de paraître céder à un
désir de vengeance, mais qu'on ne
manquerait pas de saisir le plus léger
prétexte. Il se rappela la vieille histoire de Gros-Jean, qui veut en re-
montrer à son curé, il déplora sa
funeste imprudence, il maudit sa vanité, mais il se consola en pensant que
Pedro pouvait tout sur l'esprit du
patron; il re rappela la clef qui lui
avait été donnée à l'église, et il partit
à minuit précis pour aller trouver
celui à qui il destinait l'emploi de
médiateur.

Il n'a pas pris de lumière, de peur
d'être remarqué; il ouvre et referme
les portes avec l'adresse naturelle à
son âge; il arrive à la chambrette de
Pedro; il appelle à voix basse, Pedro
ne répond pas; il cherche, il tâtonne,

il trouve un lit; le lit est chaud, mais il est vide. Il était clair que le révérendissime avait eu besoin du service du petit clerc, et il était plus simple de se réchauffer dans son lit, que de grelotter en l'attendant. En deux tours de main Trufaldin est déshabillé et étendu sur une couchette beaucoup plus douillette que la sienne.

Il n'attendit pas long-temps. Pedro rentra, une lumière à la main, et parut fort aise de trouver son camarade; le camarade parut fort étonné de voir à Pedro un bonnet de nuit de femme. Pedro rit de l'étonnement du camarade, souffla son flambeau, et se coucha sans autre formalité. La main du camarade, guidée par un soupçon qui n'était pas son fondement, éclaircit le plus piquant des mystères. Le petit Pedro était une très-jolie fille qui ranimait quelquefois la vieillesse de mon-

seigneur, qui était toujours vierge, qui
se lassait de l'être, et qui avait conjec-
turé que Trufaldin ferait mieux qu'ins-
pirer le désir. Trufaldin était sage;
mais qui pourrait résister à une semblable occasion? Il eût fallu être un
Joseph : Trufaldin était un homme,
et il paya les dettes du prélat.

Ce jeu tout neuf pour tous deux,
leur parut si joli, qu'ils résolurent de
faire chaque nuit leur petite partie, si
l'évêque n'y mettait obstacle. Il s'a-
gissait de le ramener sur le compte
de Trufaldin, et ce n'était pas chose
aisée. Il avait déjà senti quelques
mouvemens de jalousie, et le repro-
che public de se faire fournir des
textes tout faits avait excité une colère
d'autant plus forte qu'il s'efforçait de
la concentrer, et qu'il en cachait
même le véritable motif. Lui propo-
ser de faire grâce, c'était montrer du

goût pour le coupable, c'était au
moins annoncer une sorte d'intérêt
qui pouvait donner plus de force encore à sa jalousie. La petite Batilde
était femme, et par conséquent adroite:
elle s'y prit à merveille.

Cette petite Batilde était la fille d'une
sœur du pot, qui avait été élevée à
l'hôpital à peu près comme Trufadin
l'avait était aux Cordeliers. Le prélat
faisait un jour sa visite dans l'inté-
rieur de la maison, et la beauté de Batilde le frappa. Il lui releva le menton, lui fit quelques questions de catéchisme, et la sœur maman, flattée
des marques de bienveillance du révérendissime, s'était approchée de la
petite, et lui soufflait les réponses
avec un air d'intérêt qui éclaira le
prélat, grand connaisseur en pecca-
dilles. Il tira la sœur Thérèse à part,
lui parla de sa chute, comme s'il eu

connaissait les détails, la troubla, la
terrifia, lui arracha son secret, et lui
souriant ensuite d'un air benin, il
rendit le calme à son ame, en l'assu-
rant qu'il était toujours des moyens
de trouver grâce aux yeux du Dieu
des miséricordes. Vous vous doutez
bien de celui qu'il proposa. Thérèse
tenait à l'honneur de sa fille : le prélat
jura de la ménager, et il était incapable de manquer à son serment. Il ajouta qu'à dix-huit ans elle serait mariée
convenablement; et comme il est dans
la règle qu'une mère qui traite de la
pudicité de sa fille y trouve son compte,
le prélat examina la communauté dans
les plus petits détails, jugea la supérieure coupable de petites négli-
gences tellement multipliées, qu'elles
équivalaient à une faute grave, la
destitua, et nomma sœur Thérèse à
sa place.

Il vaut mieux, disait César, être
le premier dans une bicoque, que le
second dans Rome. Sœur Thérèse,
flattée d'être promue à la première
dignité de son hôpital, ne trouva plus
de scrupules à opposer au saint évêque. Elle s'occupa pendant quelques
jours à styler la petite, à qui la figure
du prélat ne revenait point, et qui ré-
torquait les raisonnemens immoraux
de sa mère avec des syllogismes théo-
logiques; mais quand on l'eût convaincue, la Bible à la main, que David, le
plus saint des rois, avait fait assassi-
ner le bonhomme Urie pour s'appro-
prier sa femme Bethsabée, quand on
lui prouva que ce saint roi David faisait réchauffer ses vieux pieds par
une très-jeune et très-jolie fille, quand
surtout on lui montra dans la perspective un mari beau, galant et vigoureux, et une dote rondelette, qui

seraient le prix de quelques com-
plaisances, Batilde se rendit en soupirant.

Il était incontestable que l'évêque
de Sarragosse avait, de droit divin,
la faculté de se permettre, dans sa
vieillesse, ce que s'était permis le pro-
phète-roi dans la sienne; mais comme
les usages étaient un peu changés
depuis David, il parut convenable
de dérober au public ce petit commerce charnel. La maman supérieure,
qui disposait de tout, avait escamoté
de la sacristie un habit de clerc com-
plet, qui alla tant bien que mal à Batilde, et qui ne la rendit que plus
jolie. Pendant les vêpres, où elle
s'était dispensée d'assister, sous prétexte d'une migraine, elle avait mé-
tamorphosé sa fille en garçon, et l'a-
vait présentée à l'évêché comme un
jeune clerc, son neveu, pour qui elle

venait implorer les bontés du révérendissime : vous savez le reste.

A la fin de cette nuit délicieuse,
dont j'ai supprimé les détails par égard
pour votre pudeur, Batilde, embellie
des roses du plaisir, s'était levée pour
aller faire son service ordinaire auprès du prélat. Elle ne savait trop
comment faire tomber naturellement
la conversation sur Trufaldin. Un de
ses manuscrits se trouva sous sa main;
elle le jeta au feu en prononçant son
nom avec colère, et le prélat rougit
de fureur en l'entendant nommer.
Batilde s'écria qu'elle ne concevait
point comment le révérendissime laissait son offense impunie, et le révérendissime déclara tout bonnement
qu'il le chasserait, s'il ne craignait pas
que le public ne crût que c'était une
victime qu'il immolait à son amour-
propre blessé, ce qui nuirait essentiellement

tiellement à la réputation de sainteté
dont il jouissait dans la ville, mais
que dans quelques mois il lui appren-
drait ce qu'on gagne à se jouer à son
maître. Batilde répliqua que le crime
de Trufaldin était le péché d'orgueil,
que l'apostolat devait punir publi-
quement, et que la punition ne pouvait être regardée comme une vengeance du prélat, qui d'ailleurs gardait le coupable chez lui, mais comme
une expiation nécessaire envers le
ciel. Le prélat, qui trouvait fort bon
d'humilier Trufaldin, en l'éloignant de
Batilde, prononça que le délinquant
se rétracterait au premier prône, que
pendant trois mois il assisterait aux
offices, à genoux, au milieu du chœur,
que pendant ce temps il serait privé
de sa table et d'approcher de sa personne, et qu'à l'expiration du tri-
mestre il entrerait au séminaire.

Le corps de la sentence convenait beaucoup à Batilde, parce que Trufaldin avait conservé la clef des salles; la dernière partie la contrecarrait, parce qu'elle ne pouvait lui donner celle de la porte du palais : mais dans trois mois on a le temps d'arranger bien des affaires; d'ailleurs Batilde savait compter, et quatre - vingt - dix nuits bien employées lui paraissaient un très-passable pis aller.

Elles furent si bien employées en effet, que le prélat, qui avait la peau très-douce, et par conséquent le tact très - fin, crut remarquer de certains changemens qui ne déposaient pas en faveur de la sagesse de Batilde. Des yeux cernés, une sorte de pâleur, un dégoût marqué, confirmèrent ses soupçons. Il était bien sûr de n'être pas l'auteur du cas; mais qui diable pouvait-ce être? Depuis que Trufal-

din était relégué dans les cuisines,
Batilde ne parlait à aucun homme
qu'à l'église, et ce n'est point à une
grand'messe qu'une fille coiffe un révérendissime. Il se douta de quelqu'a-
venture de nuit, et, blessé à l'endroit
sensible, il eut la force de dissimuler,
et se décida à observer de quel côté
ce coup pouvait venir.

Trufaldin n'avait pas manqué une
nuit d'aller visiter sa petite Batilde,
et son embonpoint naissant était le
sujet de leurs inquiétudes et de leurs
conversations, quand ils ne s'occupaient pas plus agréablement. Il n'y
avait pas d'apparence à se flatter que
le saint évêque pardonnât la plus
cruelle des offenses; il ne leur était
plus possible de vivre l'un sans l'autre,
et il n'y avait qu'un moyen de tout
concilier, c'était de s'enfuir ensemble
par la salle des conférences, qui don-

6*

.nait sur le potager, de monter sur un cerisier qui paraissait planté exprès contre le mur, de sauter dans la rue, de sortir de la ville et du royaume d'Aragon, de se réfugier en Castille; et comme on ne voyage pas sans monnaie, et que l'état de Batilde exigeait des soins, il fut convenu qu'elle ferait le lendemain une visite au coffre-fort du prélat, selon le précepte de l'évangile, *prenez ce que vous trouverez*, passage qui n'a rapport qu'à la nourriture des apôtres, mais que Trufaldin interpréta à son avantage, ainsi qu'on a toujours interprété les saintes écritures.

On ne discute pas sur une affaire majeure sans s'échauffer un peu. On avait parlé plus haut que de coutume, et le révérendissime, qui ne dormait plus, avait entendu quelque chose. Il avait pris ses pantoufles de buffle four-

rées, sa simarre de molleton de laine,
car on ne se servait pas alors de douil-
lettes, faute de coton, parce que l'Amérique n'était pas découverte, et que la
soie, très-rare encore, se vendait au
poids de l'or en Europe; il avait à la
main son bâton pastoral, avec lequel
il se proposait de châtier son fortuné
rival : il s'était approché doucement
de la chambrette de Batilde ; mais
quand il entendit tourner son amour
débile en ridicule, quand il entendit
Batilde partager des transports réels,
au lieu des chimères avec lesquelles il
avait cru assoupir les premiers feux
de la jeunesse, quand il entendit con-
cevoir, mûrir, régler le plan d'évasion, il ne fut plus maître de lui.
Il sauta lourdement, appuyé sur sa
crosse, et renversa un prie-dieu : les
amans, avertis par le bruit, sautèrent

lestement de leur couchette, et les ennemis furent en présence.

Le révérendissime avait l'air d'un satyre en fureur. Ses jambes et ses cuisses ramassées étaient couvertes d'un 'poil épais; la moitié de ses cheveux gris et crépus s'échappaient de dessous l'énorme calotte de drap qui lui emboîtait la tête; ses lèvres pendantes étaient chargées d'une écume qui coulait et tombait aux deux extrémités; ses petits yeux ardens ressemblaient à des escarboucles; son bâton pastoral, dont il menaçait l'Amour, complétait le tableau.

Trufaldin, bon garçon, qui allait toujours droit devant lui, et qui n'entendait finesse à rien, Trufaldin se crut perdu sans ressource, et tomba à genoux devant le révérendissime. Batilde eut de la présence d'esprit pour deux : « Je ne peux nier, dit-elle,

que j'aie un amant, puisque vous l'a-
vez surpris, et j'ai eu raison d'en prendre un, puisque vous êtes nul. Vous
allez faire un éclat? qu'y gagnerez-
vous? Les grands vicaires, les diacres,
les sous-diacres, les clercs, les valets
accourront au bruit, et que verront-
ils? Une fille au lieu de Pedro, une
fille grosse, et qui depuis six mois est
constamment renfermée jour et nuit
avec vous. Ils trouveront Trufaldin,
à qui vous ferez les honneurs de la
paternité, mais je sais seule que vous
n'y êtes pour rien. Que deviendra
alors le manteau de l'hypocrisie? Il
sera soulevé en entier. Allons, révérendissime, exécutez-vous de bonne
grâce, payez-moi la dot que vous
m'avez promise, nous partons à l'instant, et vous ferez demain, sur l'évasion de vos clercs, une histoire telle
que vous pourrez l'imaginer ».

Le révérendissime avait toujours sa crosse levée, et il brûlait de bâtonner les amans. Cependant les raisonne-mens de Batilde, bien qu'outrageans pour lui, revenaient à sa pensée. Il sentait intérieurement qu'un évêque ne peut rien gagner à être pris *flagranti delicto* : « Allez, dit-il, canaille maudite, allez fouiller dans mon coffre-fort, emportez mon argent, mon bonheur, et partez chargés de mon excommunication. Batilde se moquait complètement des foudres de l'église, Trufaldin ne les redoutait guère ; sa maîtresse était sa divinité, son cœur était son temple, ses faveurs la suprême béatitude. Ils remplirent leurs poches des doublons du prélat ; Batilde lui souhaita plus de continence ou plus de moyens ; elle s'appuya sur le bras de Trufaldin, et sortit avec lui de Sarragosse sans regretter

ni sa mère, ni son hôpital, ni le sort
heureux dont elle jouissait à l'évêché:
Trufaldin était tout pour elle, et la
somme qu'ils emportaient lui paraissait
inépuisable.

Le pauvre évêque passa le reste de
la nuit dans d'assez tristes réflexions.
Il s'occupa même de projets de vengeance, qu'il eût sans doute exécutés,
si en faisant arrêter monsieur Pedro
il eût pu cacher son sexe, dont la pu-
blicité lui ferait un tort irréparable.
Il eut enfin le bon esprit de se prêter
à la nécessité; il eut même quelques
idées philosophiques, chose assez rare
dans un prélat du douzième siècle, et
il convint avec lui-même qu'une fille
de seize ans ne peut pas plus s'attacher
à un podagre de soixante, qu'un corps
vivant ne s'attache volontairement à
un corps mort.

L'évasion de Trufaldin devint pu-

blique le matin à l'évêché, et l'évêque
ne manqua pas de dire que le petit
vaurien avait voulu se soustraire à la
pénitence qui lui était infligée. Il joua
assez bien l'étonnement en ne trouvant
plus Pedro, et il ne manqua pas d'a-
jouter que le malheureux Trufaldin
avait abusé de la facilité de ce petit
garçon pour l'engager à le suivre. Il
ne dit mot d'une trentaine de marcs
d'argent qui manquaient dans sa cas-
sette, et après s'être entretenu deux
heures de cet événement, on l'oublia
pour aller chanter la messe. Le révérendissime renonça aux petites filles,
et fit bien; mais il devint plus gour-
mand que de coutume, et il eut tort,
car il mourut d'une indigestion.

Laissons décrire de magnifiques
obsèques à ceux qui aiment les tableaux rembrunis, et suivons nos jeunes gens, gais, heureux, se croyant

riches, et persuadés qu'ils s'aimeront
éternellement. Ils sortent de Sarragosse, et se jettent dans la campagne,
sans savoir encore de quel côté ils
tourneront. Trufaldin, qui n'était pas
fat du tout, consulta Batilde, dont
l'imagination vive lui avait déjà été
utile, et Batilde décida qu'il fallait
mettre les frontières d'Aragon entre
eux et les suppôts du révérendissime.
En conséquence il fut arrêté qu'on
se rendrait à Burgos, capitale de la
Castille-vieille, et qu'on y passerait
le reste de ses jours dans l'abondance
et les plaisirs, à l'aide de l'argent du
révérendissime.

Il n'y avait qu'une difficulté, c'est
qu'ils ne connaissaient pas les sentiers
qui conduisaient en Castille. Des chemins, il n'en était pas question, les
sentiers même variaient selon le temps
des moissons, du labourage ou des

semailles. Trufaldin était très-embarrassé ; Batilde , toujours inventive, conduisit le petit ami sous un taillis que la lune éclairait à peu de distance; elle se coucha gaîment sur la mousse, Trufaldin se coucha près d'elle, et comme il n'était pas brave, et que le lieu n'avait rien de rassurant, il ne pensa pas à dormir, et parla très-haut à Batilde, pour faire peur à de plus poltrons, si par hasard il pouvait s'en trouver là. « Pourquoi nous arrêter ici ? — Pour attendre le jour. — Alors que ferons-nous, ma chère petite ? — Nous irons à la première hutte. — Et alors que ferons-nous, cher amour? — Nous demanderons notre route, mon cher cœur. — Et si on a couru après nous ?........... — C'est le pis aller. — Si on nous trouve ?......... — C'est le pis aller. — Si on nous arrête ?. .... — C'est le pis aller. — C'est

le pis aller, c'est le pis aller; et notre
évêque? — S'il a été assez mal-adroit
pour faire courir après nous, je par-
lerai, moi : le haut clergé s'empres-
sera d'étouffer mes plaintes, et tout
s'arrangera pour l'honneur du corps.
D'ailleurs, mon ami, quand on craint
tout, on n'entreprend rien. Laisse-
moi dormir, je suis fatiguée, et décidée à ne plus te répondre ».

Vous voyez que la petite avait d'heu-
reuses dispositions. Elle s'endormit
tranquillement, et Trufaldin se mit à
chanter les litanies des Saints d'une
voix si forte, qu'un lièvre et quelques
coqs de bruyères, qui reposaient aux
environs, en furent effrayés, et commencèrent un carillon qui fit taire le
chanteur. Le lièvre, aussi troublé
que Trufaldin, vint lui passer sur le
ventre; les coqs, en cherchant à éviter les branches, volaient au niveau

du sol, et l'un d'eux lui rasa le nez du bout de son aile. Trufaldin ne doute plus que le bois ne soit enchanté; il se lève vivement, il oublie Batilde, et fuit sans savoir où il va.

Les premiers rayons du soleil dorent l'horizon, et il court encore. Il s'arrête, il regarde derrière lui, il ne voit qu'une nature riante; il se rassure, il retourne sur ses pas, et il se met à la recherche de Batilde, qu'il est désespéré d'avoir perdue pour deux raisons : la première, c'est qu'il l'aimait de tout son cœur; la seconde, qui avait bien aussi son importance, c'est qu'elle portait le petit trésor.

Il appelait, et les angles des rochers répondaient seuls à sa voix; il montait sur les arbres les plus élevés, il regardait et ne voyait rien; il courait au hasard, changeait de route sans motif, s'arrêtait, trépignait, s'arra-

chait les cheveux, pleurait....... Une
bonne vieille qui filait au fuseau, et
qui arrachait alternativement une poignée de poils à cinq ou six chèvres
qu'elle faisait paître, moyen écono-
mique de filer, la bonne vieille sortit
de dessous un couvert de coudriers,
attirée par les plaintes du jeune Trufaldin ; elle fit trois ou quatre révérences en voyant sa calotte et son
aube blanche comme la neige, elle
s'agenouilla en approchant le ministre
subalterne des autels, et lui demanda
respectueusement si elle pouvait lui
être utile.

Trufaldin était sans finesse ; mais
Batilde ne disait pas un mot qui ne
s'imprimât dans son esprit. Il jugea
que si elle ne le prenait pas pour un
sot, elle gagnerait, ainsi qu'ils en
étaient convenus, la première cabane,
à moins toutefois que le diable, qui

l'avait houspillé, n'eût fait pis à la petite amie. Il pria la vieille de le conduire à son humble domicile ; et comme il était indifférent à la pastourelle de faire paître ses chèvres à droite ou à gauche, elle marcha devant, en répondant pieusement à un *Miserere* que chantait Trufaldin pour intéresser le ciel à ses amours illicites.

Cependant Batilde, qui ne craignait ni les revenans, ni les lièvres, s'était profondément endormie au chant du petit ami. La fraîcheur du matin l'avait réveillée. Étonnée de se trouver seule, elle avait appelé, ainsi que Trufaldin, et aussi inutilement. Elle eut la plus grande envie de monter comme lui sur un chêne qui semblait défier les siècles ; mais l'écorce dure et inégale lui déchirait les mains, dont une femme fait tant de cas, et pour cause, quand elle les a jolies ; ses cuisses ron-

delettes, mais courtes, n'embrassaient
pas l'arbre à moitié, et puis elle éprou-
vait certaine pression, dont la conti-
nuité pouvait priver l'Espagne d'un
petit Trufaldin. Elle renonça à l'en-
treprise en soupirant; mais revenant
bientôt à son caractère, elle sortit du
bois en chantant la petite chanson.

Un père dominicain cheminait sur
sa mule, et s'était détourné en entendant les cris de Batilde. Chargé d'a-
mulettes et d'*Agnus Dei*, il ne craignait pas les voleurs, et ne risquait
au plus que de partager avec eux un
civet de lapin qui pendait, dans une
boîte de fer-blanc, au bât de sa mule.
Il fut assez étonné de trouver en ce
lieu solitaire un jeune clerc beau
comme l'Amour, et dont les vêtemens religieux étaient d'une élégance
peu commune. Il interrogea le pauvre
petit, qui avait une présence d'esprit

admirable, et qui aussitôt composa
un roman.

Il était parti de Sarragosse avec un
diacre que le révérendissime envoyait
en mission à Epila; c'était une des
villes par lesquelles il fallait passer
pour gagner la vieille Castille. La nuit
les avait surpris; ils avaient gagné le
taillis, avaient soupé sur l'herbe fine,
et se disposaient à s'endormir, après
s'être recommandés à la Providence,
lorsqu'une louve vint se jeter sur la
mule qui les portait tous deux, pendant que trois louveteaux s'acharnaient
après le diacre. Tout cela fut déchi-
ré à belles dents : « Et moi, ajouta
Batilde, moi dont les faibles mains
ne pouvaient défendre l'oint du Seigneur, par la vertu de saint Jacques
de Compostelle et de mes jambes,
je me suis trouvée à une grande distance de cette horrible scène, et j'ap-

pelais à mon secours les fidèles qu'il
plairait à Dieu d'y envoyer, quand
vous m'avez entendue ».

« Par saint Dominique, reprit le
religieux, si je n'étais attendu à Epila
pour y prêcher après demain contre
le roi d'Aragon, qui veut être le
maître chez lui, je me ferais un vrai
plaisir de vous reconduire à Sarragosse. — Non pas, s'il vous plaît, révérend père, je serais au désespoir de vous
retarder ; prêcher contre un roi!.....
— Et confesser. — La confession et la
prédication! Ce prince est détrôné?
— Sans doute : j'allume le fanatisme,
la guerre civile, j'aiguise les poi-
gnards. — C'est charmant, c'est charmant, révérend père : eh! qu'a-t-il
donc fait ce roi d'Aragon? — Ce qu'il
a fait, mon fils, ce qu'il a fait! Il pré-
tend tenir ses états de Dieu seul, et ne
veut pas être tributaire du Pape. Il se

joue au clergé! têteubleu! Quand nous
étions à Rome, obscurs, pauvres, sim-
plement tolérés par les empereurs,
nous étions humbles, soumis; maintenant que nous avons dans nos ri-
chesses des moyens de séduction, que
nous trouvons dans la crédulité un
glaive a deux tranchans avec lequel
le vulaire frappe à notre gré, il faut
que tout ploie devant nous; et tout
ploiera jusqu'à ce que les hommes
voient clair, ce qui n'est pas l'affaire
d'un jour, d'un an, d'un siècle. Mon
fils, vous êtes sans doute appelé à
l'ordre de prêtrise : vous êtes jeune,
et vous verrez bien des choses dont
mes yeux ne seront pas témoins. Si
vous voyez du relâchement dans la
ferveur et dans la foi, servez-vous de
vos avantages extérieurs pour approcher les grands, de votre esprit pour
les aveugler; excitez une persécution,

elle enfantera le fanatisme, et conso-
lidera votre empire. J'ai peut-être tort
de vous révéler les secrets de l'église,
mais vous n'êtes point un homme ordinaire; d'ailleurs vous m'intéressez,
et je vous le prouve en vous offrant la
croupe de ma mule pour vous conduire à Epila, puisque vous n'êtes pas
pressé de retourner à Sarragosse ».

Une pareille proposition n'était pas
à rejeter dans la position où se trouvait Batilde : « Si Trufaldin n'est pas
un sot, se disait-elle en appuyant
son pied mignon sur celui du révérend pour enfourcher la mule, si
Trufaldin n'est pas un sot, il se rendra comme il pourra à Epila, où il
sait que nous devons passer, et le
premier arrivé attendra l'autre. A la
vérité, il n'a pas un grain d'argent;
mais avec une aube et une calotte
rouge on ne manque de rien. Les

paysans lui offriront leurs poules,
leurs lapins, leur vin, et le fripon
aurait leurs femmes et leurs filles,
qui se dévoueraient pieusement, si
mon petit homme pouvait m'être in-
fidèle ».

Pendant ce monologue la mule
trotillait, et Batilde, qui n'avait pas
de principe d'équitation, se collait au
dos du révérend. Celui-ci remarqua
d'abord un ventre rondelet que n'ont
pas ordinairement les jeunes garçons,
deux boules blanches comme l'al-
bâtre, dures comme elle, appuyaient
sur ses omoplates, et fixèrent son attention. Il fit aussi son monologue:
« Par saint Dominique, se disait-il, il
y a du micmac dans le fait de ce petit clerc. Dieu sait si j'ai jamais cher-
ché des aventures; mais puisque celle-
ci se présente tout naturellement, je
serais bien dupe............ et puis rien

n'arrive ici bas que par ordre de la
Providence. La Providence a voulu
que cette jolie petite fille prît un habit
de clerc ; la Providence a voulu que
le fripon de diacre, qui sans doute
abusait de son innocence, fût mangé
par les loups ; la Providence a voulu
que je me trouvasse à point nommé
pour tirer la petite de ce bois malen-
contreux ; la Providence veut que j'aie
des désirs, la Providence veut donc
que je les satisfasse : obéissons à la
Providence ».

Le révérend passa sa jambe droite
par-dessus le col de sa mule, et le
voilà assis sur son bât. Il regarde, il
fixe Batilde, il détaille les jolis traits
de son visage, et sous prétexte de
remettre en ordre les plis du devant
de son aube, il s'assure de la vérité
de ses conjectures. Il pousse sa mule
à travers le taillis, il s'enfonce dans

un fourré : « Mais mon révérend, dit Batilde, je ne crois pas que ce soit là le chemin d'Epila ? — Non, mon cher petit; mais vous avez passé une mauvaise nuit, vous avez besoin de vous remettre, et j'ai un civet admirable, plus, deux petits gâteaux et une excellente bouteille de vin d'Estramadure ». Batilde avait en effet besoin de restaurans, et elle sauta gaîment de sa croupe à terre. Le révérend exhiba ses provisions avec une sorte de galanterie; et ce premier besoin satisfait, il entra en matière : « Ah ça, friponne, conte-moi ton histoire.—A qui croyez-vous parler, révérend ?—A une petite espiègle qui n'est pas novice du tout, et avec qui je ne perdrai pas le temps dans un vain cérémonial »; et en effet, il se mit à jouer des mains d'une terrible manière. Batilde faisait sans effort une superbe défense. Le moine
n'avait

n'avait rien de séduisant, et elle tenait
à son Trufaldin. Le frocard se déme-
nait comme un diable au fond d'un
bénitier, et n'avançait pas. On ne viole
pas aisément une fille décidée à se
défendre, et qui porte un haut-de-
chausses sous sa jaquette et son aube.
Le dominicain écumait; Batilde lui
mordait les doigts et lui égratignait
le visage; le dominicain et elle avaient
également besoin de reprendre ha-
leine, et les hostilités cessèrent un
moment.

Batilde, plus jeune, plus agile, et
qui d'ailleurs n'avait employé que ses
dents et ses ongles, était la moins fatiguée. Le moine essuyait avec un
morceau de serge blanche la sueur
qui filtrait à travers sa barbe le long
d'un double menton, et il jurait très-
énergiquement qu'après s'être refait
un peu, il allait mettre en pièces

aube, jaquette, et haut-de-chausses;
Batilde, que la présence d'esprit n'a-
bandonnait jamais, commença sur la
continence un discours pathétique dont
le but était d'endormir la vigilance du
frocard, et elle portait à la ronde un
œil observateur, disposée à saisir la
moindre circonstance.

La mule, étrangère à ces débats,
paissait en liberté la tendre feuillée,
et s'était éloignée de quelques pas.
Batilde s'interrompt au milieu d'une
superbe période, elle se lève, et le
moine aussi; elle court, il la suit;
elle gagne du terrain, il enrage; elle
saute sur la mule, il blasphême; elle
presse la monture, elle sort du fourré,
et le moine la regarde aller, les bras
pendans, la bouche ouverte, et n'ayant
plus la force de renier Dieu.

Trufaldin suivait la vieille, et continuait de chanter. Il aperçoit de

loin un objet.... Il s'arrête, se tait et
regarde. « Ah! mon dieu, c'est un paladin armé de toutes pièces, dit-il à
la bonne femme...... — Eh! non, eh!
non, c'est un homme d'église. —
Monté sur un palefroi bardé de fer.
— Monté sur une bonne mule. — Vous
ne voyez pas sa cotte de mailles
blanche? — C'est une aube. — Son
casque teint de sang? — C'est une
calotte rouge. — Son bouclier pendu
à l'arçon de sa selle? — C'est une
boîte de fer - blanc. — Vous croyez?
— Si je crois! mais, saint homme de
Dieu, la peur vous a brouillé la vue ».
Trufaldin regarde de nouveau, il croit
distinguer des traits, des formes.......
Il se remet, il se rassure, il court,
il vole, il tient une jambe de Batilde,
il y colle sa bouche, il la presse
contre son cœur. « Ce n'est pas le
moment, dit la petite. Saute leste-

7 *

ment derrière moi, nous n'avons pas de temps à perdre ». Et voilà Trufaldin en croupe, s'abandonnant à la conduite de Batilde, et dévorant ce que le bon père dominicain avait bien voulu laisser dans la boîte de fer - blanc.

Après avoir emporté l'argent d'un évêque, et volé la mule d'un dominicain, il n'y avait plus de quartier à attendre des gens d'église. Il fallut devancer sa révérence à Epila, il fallait surtout un guide, et la Providence, qui avait sauvé Batilde des griffes du dominicain, permit que la vieille eût un petit-fils de dix-huit à vingt ans qui connaissait parfaitement les sentiers. On jucha la vieille derrière Trufaldin pour faire plus de diligence, et la Providence permit que la mule ne ralentit pas sa marche, parce que le bâton noueux de la

vieille lui frappait vigoureusement
les côtes et le gras des fesses, ce qui
n'était pas absolument juste ; mais
comme il est prouvé que Dieu a tout
fait pour le service de l'homme, et
qu'il a voulu que l'homme abusât de
tout, on ne pensa seulement pas à
plaindre le pauvre animal.

On arrive à la hutte, et le jeune
pâtre ne sut pas plutôt ce qu'on attendait de lui, qu'il passe, en faisant le
signe de la croix, son pourpoint des
dimanches ; il coiffe sa capeline, or-
née de plumes de coqs, et le voilà
en route. Il trotte, il court, pour seconder l'impatience des voyageurs,
et ne pas céder à la prestesse d'une
mule. En vain Trufaldin lui propose
de descendre, de courir à son tour
et de le faire monter pour prendre
un peu de repos ; le pâtre répond,
la main à la capeline, qu'il ne sera

pas dit qu'un paysan d'Aliva sera à cheval, pendant qu'un très - digne clerc ira à pied, et il recommence à courir.

On arrête deux fois dans la journée, pour faire boire et manger la mule, et le coureur. Les villages, auxquels on accorde la préférence de l'hospitalité, l'exercent dans toute sa latitude, et attendent en échange les grâces du ciel, qui viennent ou ne viennent pas. On entra sur le soir à Epila; et comme toute peine vaut salaire, Batilde donna sa bénédiction au jeune guide, qui s'en retourna au pas, enchanté de sa journée.

Nos jeunes gens, plus enchantés encore, soupèrent et se couchèrent gaîment, sans craindre la crosse bénite de leur évêque. Ils se levèrent de grand matin, et se joignirent à un muletier qui conduisait des voyageurs à

Aranda. Il n'était pas probable que le dominicain vînt prêcher contre le roi d'Aragon avec un visage sillonné par les ongles de Batilde ; mais on aime à respirer en paix, et pour cela, il faut s'éloigner du péril.

Les voyageurs que conduisait le muletier, étaient trois marchands très-âgés, très-intéressés, très-occupés de leurs affaires, et qui ne firent aucune observation sur les formes arrondies de Batilde, ni sur l'amitié un peu trop prononcée qui paraissait unir les deux petits clercs. Il n'en fut pas ainsi du muletier, égrillard exercé, qui ne tarda pas à démêler la partie intéressante de la vérité, et qui se garda bien de hasarder pendant la journée le moindre mot, le moindre geste qui annonçassent des projets ; mais la nuit !......... Nuit désastreuse, nuit terrible que je voudrais passer sous silence, si la véracité d'un historien s'arrangeait de ces restrictions.

Nos petits amans soupaient à table d'hôte, l'un à côté de l'autre ; une jambe de Batilde était passée entre celle de Trufaldin, en attendant mieux ; le doux sourire de la sécurité était sur leurs lèvres : l'impatience de l'amour se réveillait au fond de leurs cœurs. Étrangers aux objets de commerce que traitaient leurs compagnons de voyage, ils oubliaient et le danger que la petite avait couru la veille, et le jeûne, et la fatigue ; ils jouissaient du bonheur présent et de de celui dont ils se faisaient pour l'avenir une si délicieuse idée. O vicissitude des choses humaines, qui peut vous prévoir et vous éviter !

Dans le cabaret où ils soupaient, servait une grosse tetonnière d'Andalousie, rousse et puante, sale et

d'un tempérament fougueux. Elle avait
prodigué long-temps ses faveurs au
muletier, qui avait justifié ses bontés par des exploits qui auraient ho-
noré une princesse; mais comme on
se lasse de tout, et même du bonheur,
la servante andalouse avait formé
d'autres engagemens, à la grande sa-
tisfaction du muletier, qui commençait à s'en lasser. Mais aussi comme
l'amour chez les honnêtes gens est
toujours remplacé par une amitié so-
lide, le muletier et la servante se rendaient mutuellement de bons offices
de tous les genres.

L'Andalouse avait fait les lits des
petits clercs dans une chambre à l'ex-
trémité de la maison, et pendant
qu'ils soupaient, le muletier avait fait
sauter le seul verrou à l'aide duquel
ils pussent se fermer en dedans, et
il avait mis dans sa poche une double

clef de la serrure. Nos deux pauvres
enfans avaient fermé les deux tours,
et déposé la clef qu'on leur avait donnée, sur une escabelle vermoulue; Batilde avait déposé ses habits de clerc,
et n'offrait plus qu'une fille charmante aux yeux émerveillés de son
amant; l'empressé Trufaldin se hâ-
tait de suivre un si doux exemple;
Batilde est dans un des lits, Trufaldin
croit le partager; et pourquoi en
douterait-il?............ Il entend mettre
une clef dans la serrure, il s'étonne,
il attend............ La porte s'ouvre, le
muletier paraît.

C'était un grand drôle de vingt-cinq
à trente ans, au sourcil noir et épais,
au teint brun, aux cheveux crépus,
aux épaules larges, et au jarret tendu.
« Or çà, dit-il en prenant un air me-
naçant, vous êtes de petits libertins
qui avez fui de chez vos parens, qui

ne voulaient pas vous marier ; vous
avez pris de saints habits que vous
profanez, et je ne peux me dispenser,
en arrivant à Aranda, de vous mettre
entre les mains de l'inquisition ». Batilde, très-pénétrante, vit d'abord où
cet exorde la conduirait, et le muletier n'était pas un homme dont on
pût se défaire avec les ongles et les
dents. Trufaldin ne voyait pas si loin,
et toujours poltron, il crut désarmer
le terrible muletier en lui racontant
naïvement et avec vérité les circonstances essentielles de leur histoire.
« C'est bien pis que ce que je soupçon-
nais, s'écria le rusé coquin. Enlever
la concubine d'un saint évêque, et lui
escroquer de l'argent, voler la mule
d'un dominicain qui lui avait honnê-
tement offert sa croupe ! Brûlés, brûlés vifs, et sans miséricorde ! — Ah !
seigneur muletier, n'y aurait-il pas

quelque moyen de vous engager au silence? — Je n'en connais qu'un ». Ici Batilde s'enveloppe, se roule dans la couverture. «Et quel est ce moyen, seigneur muletier? J'embrasse vos genoux. — Hé, que m'importe tes prières?—Ah! ce n'est pas cela? Voulez-vous que nous partagions l'argent du révérendissime? voulez-vous le tout? voulez-vous la mule du dominicain? — C'est bien de tout cela qu'il s'agit. — Hé, que voulez-vous donc? — C'est moi qu'il veut, dit Batilde en pleurant. — Ou brûlés au premier *auto-da-fé*. — Et j'y consentirais, reprend Trufaldin! — Ou brûlés, vous dis-je. — Je ne te laisserai pas brûler, mon cher petit; l'effort est cruel, mais il s'agit de ta vie; et la couverture se déroulait, et le muletier avait refermé la porte, et Trufaldin, qui perdait de vue les

bûchers de l'inquisition à mesure que
son rival devenait plus entreprenant,
Trufaldin, dont le sang s'échauffa un
moment, Trufaldin saisit d'un bras
ferme le muletier, qui, d'un coup de
poing sur l'oreille, l'envoya rouler
sous l'autre lit, où il se tint coi jusqu'au jour.

Batilde se prête avec répugnance
d'abord, et par pur attachement pour
Trufaldin, aux emportemens du muletier. Mais quand elle eut reconnu,
admiré ses qualités secrètes, quand
cet athlète terrible, infatigable l'eut
en vain réduite à demander quartier,
elle compara ses deux amans, et se
promit bien de remarquer à l'avenir
les hommes aux épaules larges et aux
sourcils épais. Rien ne forme la jeunesse comme l'expérience.

Le muletier, rassasié de plaisir,
se leva enfin, prit Trufaldin par une

jambe, le tira de dessous le lit, l'enleva comme une plume, et le jeta à côté de Batilde. « Ah ça, leur dit-il, je suis honnête homme à ma manière, et je veux vous donner des avis dont je vois que vous avez besoin. Le premier, c'est que la petite quitte ses habits d'homme, qui ne sont bons qu'à donner des soupçons, et toi, que tu prennes un habit de cavalier, puisque tu veux l'accompagner. Tu auras une épée au côté; tu n'oseras pas t'en servir, mais cela en impose toujours. Je vais courir le village pendant que mes mules déjeûneront; j'ai un ami à qui j'emprunterai ce qu'il aura de mieux. Vous me rendrez cela à Aranda, où je dirai que vous êtes deux enfans que je conduis chez une vieille tante à Burgos, et que leur mère m'a confiés à Epila. Pour que nos trois marchands ne se doutent de rien, je

leur dirai que vous m'avez quitté ce
matin, et vous nous suivrez à deux
cents pas sur votre mule, et dans votre
nouveau costume, qui vous rendra
méconnaissables à ces yeux à lunettes.
Si quelqu'un vous attaque, je suis à
vous, et pour tout cela je me contente
des nuits que nous avons encore à
passer dans trois ou quatre mauvais
gîtes. Voilà de la probité, voilà de
la raison. Au reste, il faut que cela
soit, car je le veux ainsi ». Batilde
s'était trop bien trouvée de la première épreuve pour en refuser une
seconde; la joue enflée de Trufaldin
ne lui donnait pas envie d'oser dire
non. Tous deux gardèrent le silence,
et le muletier en conclut que le traité
était accepté, selon le vieux proverbe :
Qui ne dit mot consent.

Fidèle à l'exécution de ses pro-
messes, il rapporte des vêtemens assez

propres, et qui n'allaient pas trop
mal. Il enjoint aux jeunes gens de
se vêtir à la hâte, de le laisser partir
avec ses trois marchands, et de suivre
sur leur mule à la distance convenue.
Il était bien sûr que l'envie de lui
échapper ne les porterait pas à rétro-
grader vers Epila, où ils pouvaient
rencontrer le dominicain. Batilde d'ailleurs s'était comportée de manière à
ce qu'il dût à peu près compter sur
elle, et il s'était aperçu qu'elle menait
Trufaldin par le nez.

Les voilà donc en route ; Batilde,
jolie comme un ange sous ses nouveaux habits, très-résignée aux événemens, mais n'osant pas en rire par
égard pour Trufaldin, et Trufaldin,
triste, pensif, la regardant la larme
à l'œil, et la trouvant plus séduisante
depuis qu'il avait un coadjuteur.

La petite crut lui devoir quelque

consolation, et les fatigues de la nuit n'empêchaient pas qu'elle ne pût faire une libation à l'amour : le ciel, qui a voulu gâter les femmes, a permis que certaine source soit intarissable chez elles. Elle tire une des rênes de la mule, et la dirige vers un ombrage épais; bien que Trufaldin fût un peu nigaud, et qu'il ne pénétrât pas l'intention de la belle, il lui vint pourtant à l'esprit qu'il devait profiter des journées, puisque le droit de la force lui enlevait les nuits. Il saute lestement à terre, présente la main à sa belle, et s'assied avec elle sur le gazon............... O malheureux, ô incroyable voyage! à peine Trufaldin s'est-il érigé en sacrificateur, à peine des doigts de rose ont-ils entr'ouvert l'entrée du sanctuaire, qu'une vigoureuse taloche tombe d'à-plomb sur la joue que le muletier a épargnée.

Trufaldin jette un cri, se relève, et reste ébahi, son haut-de-chausses sur ses talons, et la main sur sa joue, devant un chevalier beau comme Batilde, vigoureux comme le muletier, et qui était descendu du ciel à l'aspect du couple amoureux. « Ote-toi de là, maraud, dit-il à Trufaldin. Il te convient bien de t'amuser dans mes forêts; ôte-toi de là, te dis-je, ou je te perfore de ma lance. — Mais c'est ma femme, monseigneur. — Ah! c'est ta femme, petit coquin. Hé! m'as-tu payé les droits de jambage, de cuissage, de markette et de prélibation? Ces droits charmans s'acquittent sous la feuillée, comme dans un palais; éloigne-toi, il y va de ta vie ».

Trufaldin avait renoué ses aiguillettes pendant cette harangue désespérante. Il avait une rouillarde au

côté, mais il n'avait ni le courage,
ni l'adresse de s'en servir. Il remonte
sur la mule, pour se soustraire aux
déportemens du chevalier, s'il lui
prenait envie de le maltraiter autrement que par des paroles, et il le
regardait faire en soupirant. Pour Batilde, elle avait été si violemment frap-
pée des prétentions insolentes du nouvel assaillant, qu'elle n'avait pas eu
la force de changer de position, ni
même de faire un mouvement. Malheureux Trufaldin! il faut que tu sois
témoin de tes infortunes, et que tu n'y
puisses mettre un terme!

Le pauvre diable attendait, les
yeux levés au ciel, pour ne rien voir
des choses terrestres; il espérait au
moins que lorsque Batilde aurait ac-
quitté le droit, il lui serait permis
de rentrer dans les siens. Vaine espérance! le chevalier ne se lassait pas

dans ses prétentions; et Batilde, toujours plus étonnée, disait à mots en-
trecoupés: « Ah! Trufaldin, reçois encore ce sacrifice, c'est à toi seul que je
l'offre; mais en vérité, tu n'es ni un
muletier, ni un prélibateur ».

Le muletier cependant s'était im-
patienté de ne pas voir arriver sa
belle. Il crut que les jeunes gens
cherchaient à lui échapper à travers
les bois. Il se sentait encore très en
fonds, et il avait la meilleure envie
de les faire valoir. Il prétendit avoir
perdu une valise, pria ses marchands
de l'attendre un quart - d'heure, et
poussa vigoureusement sa mule, en
rétrogradant et en regardant de tous
côtés. Il n'a pas fait un quart de
lieue, qu'il aperçoit à la lisière du bois
Trufaldin sur sa monture, les yeux
toujours en l'air, et les bras croisés
sur sa poitrine. Il pousse à lui : « Eh!

que fais-tu là, imbécille? — Hélas! je ne fais rien. — Que fait Batilde? — Elle ne fait rien non plus, elle laisse faire. — Et où est-elle? — Sous ces arbres, à vingt pas. — Donne-moi ton épée. — Oh! de grand cœur. Echinez-moi cet homme-là; et puisqu'il faut être cocu, j'aime mieux l'être de la façon d'un seul que de deux ».

Le muletier saute à terre, et court en jurant, en espadonnant de l'épée qu'il ne sait pas manier, mais dont le coup sera terrible, s'il porte juste. Le bruit de sa course et de ses jurons avertit le chevalier, qui se relève aussi sot que Trufaldin, mais sans le moindre mouvement de frayeur. Sa lance n'est qu'à quelques pas, mais un homme ne marche pas facilement dans l'état où il était. Il avait l'épée au côté, il l'a tira, et regretta sa da-

gue, restée à l'arçon de sa selle; mais
il s'aperçut que le muletier n'en avait
pas, qu'ainsi la partie était égale:
il se disposa bravement au combat,
et pria seulement Batilde de lui rat-
tacher quelques aiguillettes pendant
qu'il parerait quelques coups.

Batilde était assez satisfaite de lui
pour lui rendre ce petit service; il
était d'ailleurs trop beau pour que
ses vœux secrets ne fussent pas en
sa faveur; mais le muletier lui lança
un coup d'œil si furieux, qu'elle jugea
bien qu'il la rendrait responsable de
l'aventure s'il était victorieux, et le
sort des armes est si incertain! Elle
jugea qu'il était plus sage de s'enfuir;
et pour aller plus vîte, elle détacha
le cheval du paladin, et sauta dessus.
En passant près de la monture du
muletier, elle coupa les sangles avec
la dague du cher prélibateur, pour

ralentir au moins les poursuites; c'é-
tait une fille qui pensait à tout ; enfin
elle rejoignit Trufaldin : « Au galop,
marche ! lui cria-t-elle », et Trufaldin de galoper à ses côtés : « Je t'ai
trompé, mon ami, lui disait-elle, je
t'ai trompé dix à douze fois, bien in-
volontairement; mais à quelque chose
malheur est bon. Nous avons gagné
à cela une belle mule, des habits laïques
assez passables, et un superbe cheval,
sans compter ce qu'il y a dans la valise
du chevalier ». Dans tous les temps
et dans tous les pays du monde, le cocuage rapporte quelque chose.

Ce raisonnement ne paraissait pas
péremptoire à Trufaldin; mais que
diable faire? Il n'y avait pas de re-
mède au passé, il fallait se prémunir
contre les événemens futurs, et tout
en galopant, il priait, il suppliait
Batilde de tâcher de ne le plus faire

cocu. Batilde le promettait de la meilleure foi du monde, et se promettait
de tenir parole, bien que convaincue,
par son second essai, que Trufaldin
était un homme fort ordinaire; mais
que peuvent les résolutions d'une jolie
fille contre la méchanceté des hommes! Toujours galopant, la fringante
Batilde et son triste compagnou avaient
dépassé les trois marchands, dont
les mules chargées de ballots n'é-
taient pas propres à courir après des
fuyards. Ces marchands d'ailleurs
avaient autre chose à penser que des
amourettes, et ne les avaient pas seulement remarqués. Nos jeunes gens allaient, au hasard de s'égarer, suivre le
premier sentier qui se présentait, lorsqu'ils aperçurent un homme qui trot-
tillait sur sa monture; ils le joignirent
bientôt, et lui demandèrent le chemin
d'Aranda. Trufaldin voulait passer,

après

après sa réponse, mais son extérieur le rassura. C'était un bon papa de soixante ans qui cheminait, son rosaire d'une main, et l'autre appuyée sur des sacoches bien attachées sur le devant de son bât, et dont la vieillesse et les yeux calmes n'annonçaient aucune mésaventure. Trufaldin, tourmenté de la crainte d'avoir à ses trousses le muletier ou le paladin, hasarda de lui faire quelques questions. Il lui demanda, entr'autres choses, si, pour aller à Burgos, il était nécessaire de passer par Aranda. Le vieillard répondit que la route la plus courte et la plus sûre était par Moncayo; que c'était celle qu'il allait prendre à une demi-lieue de là, que s'ils voulaient ils feraient route ensemble.

Jamais proposition ne vint plus à propos, et ne fut acceptée avec plus de plaisir. Insensiblement la confiance

s'établit, et la conversation s'engagea.
La vieillesse est curieuse, et la jeunesse inconsidérée. Nos amans appri-
rent que le bon Perez était un riche
marchand de bœufs, qui en avait
été vendre cent cinquante à la foire
d'Epila, qu'il en rapportait le prix
dans ses sacoches; que ses valets revenaient à pied à petites journées;
qu'il disait son rosaire en route, pour
que Notre-Dame du Mont-Carmel le
garantît des voleurs, et qu'il allait à
Burgos joindre le magot qu'il rapportait, à d'autres fonds déjà considéra-
bles, avec lesquels il se proposait de
finir tranquillement ses jours. En
échange de sa courte histoire, Trufaldin, qui avait besoin de se décharger
le cœur, lui conta longuement ce que
vous avez lu, malgré les signes de
Batilde, qui jugeait cette confidence
au moins inutile.

« Mes chers enfans, leur dit le vieillard, vous n'avez éprouvé tant de disgrâces que parce que vous n'avez pas fait consacrer vos nœuds par un saint prêtre aussitôt que vous l'avez pu; mais enfin, à tout péché miséricorde. Promettez au bon Dieu de vous marier en arrivant à Burgos, et sûrement il vous garantira d'ici là de tout accident; mais comme il est dit dans l'Ecriture, que je n'ai pas lue parce que je ne sais pas lire, *aidez-vous, et je vous aiderai*, il est à propos que le long de la route vous passiez pour le frère et la sœur, à cause de votre jeunesse, qui donnerait des soupçons; et pour rendre le tout plus vraisemblable, je dirai que la signora est ma femme. C'est un mensonge, mais le ciel me le pardonnera en faveur du motif : « Ah çà, dit Trufaldin, vous ne me donnerez pas de

8*

taloches sur les mâchoires ? — J'en suis incapable, mon petit ami. — Vous ne coucherez pas avec Batilde? — Non! ni vous non plus, jusqu'à ce que vous en ayez reçu la permission de notre mère la sainte église ».

Ce nouveau traité, qui arrangeait parfaitement Trufaldin, et qui ne déplaisait pas à Batilde, qui sentait bien qu'une épouse n'est pas plus responsable des accidens qu'une maîtresse, ce nouveau traité fut solennellement accepté, et l'observation en fut jurée. Il paraissait tout simple au bon jeune homme, qu'on respectât une femme en pouvoir de mari, et d'un mari aussi riche que vénérable par son âge. Les galans avaient bien la ressource de la séduction, mais Batilde avait promis de ne pas se laisser séduire.

On avait quitté la route d'Aranda,

on marchait dans celle de Moncayo, on était gai, on riait, on chantait un psaume, on accolait la gourde, que le bon Perez portait toujours avec lui, lorsqu'on aperçut, sur une hauteur, un gros de cavaliers. A cet aspect, Perez descendit de sa mule, la donna à conduire en main à Trufaldin, monta le cheval de Batilde, la mit derrière lui, l'enveloppa dans son manteau, et baisa, en se recommandant au ciel, un morceau de la culotte de saint Pancrasse, qu'il portait dévotement sur lui. Il craignait les voleurs, Trufaldin le cocuage : nous allons voir ce qui en était.

Les deux troupes s'approchent. Trufaldin se met provisoirement à trembler, et la richesse des habits rassure le bonhomme Perez : « Ne craignez rien, dit-il aux jeunes gens, c'est le comte de Ciria; celui-ci n'en veut qu'aux vierges, et il s'en faut bien que vous le soyez, signora »; et il leur conta en quatre mots l'histoire du comte.

Ce seigneur gros, court, mal bâti, laid, velu et fort comme un ours, avait, je ne sais par quel hasard, fait à la comtesse sa femme une fille qui passait, à seize ans, pour la merveille du canton. Le comte de Moncayo l'avait demandée en mariage; mais il avait eu le malheur de solliciter et d'obtenir, dans une cérémonie de cour, le pas sur le comte de Ciria: un tel affront ne se pardonne jamais, et la proposition de Moncayo fut rejetée d'une manière offensante. Outré du procédé de Ciria, Moncayo vint attaquer ses donjons, les enleva d'assaut, et viola la belle Léonore. Ciria jugea qu'une fille de qualité qui a été violée ne mérite plus de vivre, et il

passa paternellement son épée à travers du corps de la sienne. Le lendemain il fut assiéger le château du
comte, le prit, et le tua de sa main.
On croirait que tout finit là : pas du
tout. Ciria jura de faire de fréquentes
courses dans le comté de Moncayo;
de violer toutes les vierges qu'il rencontrerait, et de les éventrer ensuite,
en expiation du crime de leur seigneur, qui ne les regardait pas du tout.
Quand Ciria en avait violé et tué une
trentaine, il retournait dans ses terres,
réparait ses forces, et recommençait.
Les gens de Moncayo se plaignaient
au roi d'Aragon, et ce roi, qui avait
bien de la peine à se soutenir contre
celui de Castille, et qui avait intérêt
à ménager ses grands vassaux, n'é-
coutait pas les paysans. Ceux-ci ne
trouvèrent pas d'autre moyen pour
soustraire leurs filles à la fureur de

cet enragé, que de les dévirginer eux-
mêmes avant qu'elles pussent tenter
personne. Cet usage s'étendit aux pays
voisins, et s'est conservé, à peu de
chose près, et c'est ce qui fait que
partout les pucelles sont si rares.

O combien, en écoutant cette admirable histoire, Trufaldin s'applaudit
que Batilde ne fût pas neuve! il s'applaudit presque d'être cocu, et improvisa, sur l'air du *Pange lingua,*
dix ou douze vers latins sur les dangers de la sagesse. Ces vers sont perdus, depuis que les petites filles n'ont
plus besoin de les dire pour savoir
prendre leur parti.

Cependant nos voyageurs et la cavalerie du comte sont en présence. Le
comte courait depuis quatre jours, il
n'avait rencontré que des femmes, ou
l'équivalent, et il avait de l'humeur :
« Quel est, dit-il d'une voix terrible à

Perez, ce paquet que tu portes derrière toi? — Monseigneur, c'est ma femme. — Lève-moi ce manteau : comment, cette jolie personne est la femme d'un vieux rêtre comme toi! — Hélas! monseigneur, on fait des folies à tout âge. — Prends garde de me mentir, car je te pourfends des épaules à la ceinture. — C'est ma femme, monseigneur, c'est ma femme, à qui même j'ai eu le bonheur de faire un petit enfant. — Je ne m'aperçois pas de cela. — C'est qu'elle n'est pas très-avancée, et puis, monseigneur, l'étoffe de sa cotte est grossière.... — Tais-toi, tes détails m'ennuient. Tu m'assures qu'elle est ta femme, il faut me le prouver : use à l'instant de tes droits de mari ».

Perez alléguait un vœu de continence fait à saint François pour en obtenir un heureux voyage, et le comte

8**

avait tiré son épée, qui tournoyait
déjà sur la tête du vieillard. Il descend de cheval, et représente hum-
blement au comte qu'à son âge on
n'épouse pas sa femme à comman-
dement : « Épouse, te dis-je, et si
tu ajoutes un mot, tu es mort ».
Dans un semblable embarras, quelle
ressource restait-il au bonhomme
Perez ? Faire semblant d'obéir, s'il
ne pouvait davantage.

Il donne la main à Batilde, qui se
laissa conduire, et qui dit en passant,
à l'oreille de Trufaldin : « Ne te fais
pas de peine, mon petit; cette fois, ce
ne sera que pour rire ».

A soixante ans, on n'est pas homme
tous les jours, mais on l'est encore
quelquefois. Les attraits de Batilde,
que Perez fourrageait par obéissance,
commencèrent une espèce de résur-

rection; la chaleur d'un corps céleste auquel il accolait ses ruines, le ranima tout-à fait : il demanda pardon à Dieu, et se tira assez gaillardement d'affaire. Batilde fut très - étonnée d'être épousée tout-à-fait; Trufaldin ne concevait rien à cette force de courage, et le comte, outré de ne faire que de vaines recherches, s'avisa de chercher une querelle d'allemand au bonhomme. Il prétendit que Perez ne s'était marié avec une jouvencelle, qui était à peine nubile, que pour la sauver de ses mains. La contestation s'échauffait d'un côté, l'embarras de Perez, qui ne mentait pas avec facilité, augmentait de minute en minute : la scène allait devenir tragique. Trufaldin, toujours prudend, prend le galop avec sa mule et celle du marchand de bœufs; Batilde remonte à cheval pour courir après

Trufaldin, et laisse Perez s'arranger
comme il pourra avec l'excellence.

« Allons, disait-elle, mon cher
petit, ce qui est fait est fait. Quand
tu pleureras, quand tu te désespé-
reras, qui gagueras-tu ? Il faut savoir prendre le temps comme il vient.
Je vois dans tout ceci deux motifs de
consolation. Fort heureusement j'étais
grosse; tous les seigneurs ou goujats
que nous rencontrerons ne sauraient
empêcher que tu ne sois véritablement le père de ton enfant, et nous
tenons les sacoches du marchand,
que nous pouvons emporter sans scru-
pule, puisqu'enfin il a eu du plaisir
pour son argent ».

Ils apercevaient les clochers de
Moncayo, ils pouvaient y arriver sans
guide, et ils avaient lieu de se flatter
que la police s'y faisait plus exacte-

ment que dans les bois, ce qui n'é-
tait que trop vrai.

Le factionnaire qui gardait la porte
de la ville, trouva extraordinaire que
deux jeunes enfans voyageassent seuls
avec deux mules et un cheval dont la
beauté et l'embonpoint ne s'accordaient pas avec des habits de villa-
geois. Les sacoches, dont il fit réson-
ner le contenu, et l'énorme valise du
chevalier lui donnèrent des soupçons:
il fit entrer Trufaldin et Batilde au
corps-de-garde. L'officier les interrogea séparément, et ils se coupèrent;
il les envoya chez le corrégidor, qui,
en voyant une si jolie fille, eut envie
de la trouver innocente, et fit sortir
tout le monde. Interrogés de nouveau sur ce qu'il y avait dans la valise et les sacoches, les jeunes gens
ne surent que répondre. Atteints et
convaincus au moins d'escroquerie,

Trufaldin se mit à pleurer, et Batilde, qui ne perdait jamais la tête, fit les yeux doux au magistrat.

Il était difficile à celui-ci de faire fouetter et marquer le jeune homme, sans que la jeune fille subît la même punition ; il lui paraissait cruel de laisser macérer un aussi beau corps ; et pour s'assurer à quel point il méritait ses égards, le seigneur corrégidor en fit une inspection exacte, qui se termina comme l'aventure du muletier, du chevalier et du bonhomme Perez : « Si du moins je ne le voyais pas, disait Trufaldin au désespoir », et il lui fut impossible de rien ajouter ; la crainte des verrous, des cachots, du fouet et de la marque lui glaçait la langue.

Le seigneur corrégidor, enchanté des appas, de la courtoisie, de la résignation de Batilde, notifia qu'il faisait grâce à l'amant en faveur de la maîtresse, et qu'il gardait celle-ci, et que l'autre pouvait se retirer où il voudrait avec ses mules, son cheval, sa valise et ses sacoches; mais que de peur de quelque nouvel accident, il ferait bien de sortir de suite, et à petit bruit, de Moncayo : « Allons, mon cher petit, lui dit tendrement Batilde, soumets-toi à la nécessité. Si le chevalier, le muletier, ou le bonhomme Perez te trouvent ici et t'accusent, le seigneur corrégidor, malgé ses bontés pour toi, ne pourrait te sauver; tu m'entraînerais dans ta chute, et tu m'aimes trop pour vouloir que je sois fouettée et marquée. Va, mon cher ami, vends tes mules et ton cheval au premier maquignon; fais-toi promptement conduire à Burgos, et sois sûr que je ne t'oublierai jamais.

Trufaldin n'avait rien de mieux à faire que de suivre ce conseil, et cependant le démon de la concupiscence le retenait près de Batilde. Le corrégidor le poussa hors de son cabinet; il sortit de la maison la tête basse, vendit ses trois bêtes à peu près pour rien, selon l'usage des jeunes gens, et se mit en route pour la capitale de la Castille vieille.

Batilde resta avec son corrégidor, qui l'aima à la fureur pendant quinze jours, qui la repassa ensuite à un inquisiteur, qui la repassa à un gouverneur de la ville, qui la céda à un président du conseil d'Aragon, des bras duquel elle tomba dans ceux d'un gros cantayor, puis d'un médecin, d'un usurier dévot, d'un notaire, d'un vieux licencié, d'un petit marchand, d'un vieux sergent, de tous les laquais de Moncayo, et enfin du public, où

nous la laisserons, si vous le voulez
bien.

Trufaldin se consola bientôt de la
perte d'une fille qui l'avait si facilement abandonné, et que tout le monde
caressait, hors lui. Une somme très-
forte pour ce temps-là, et pour un
jeune homme qui n'avait jamais eu
rien en propre, la dissipation à laquelle il se livra à Burgos, lui firent
totalement oublier l'objet de ses premières amours. Il goûta avec avidité
tous les plaisirs qu'on pouvait se pro-
curer au douzième siècle avec de l'argent, les femmes exceptées, qu'il n'aimait pas essentiellement, et auxquelles
peut-être il n'eût jamais pensé, sans
les avances très-prononcées de la signora Batilde.

Vous sentez bien qu'un homme de
seize à dix-sept ans qui veut jouir de
tout, qui ne connaît la valeur de rien,

et dont s'emparent les escrocs de tous
les genres et de tous les sexes, voit
bientôt la fin de sa fortune. Celui-ci,
simple et bonasse, était plus facile à
attraper qu'un autre, et on lui joua
des tours très-plaisans, dont je vous
fais grâce, parce que l'ingénieux auteur de Gil-Blas ne nous a rien laissé
à désirer à cet égard.

Il restait quelques ressources encore à Trufaldin, lorsqu'il eut le bon
esprit de se jeter dans la réforme. Il
acheta une guitare, meuble utile en
Espagne de temps immémorial, il ap-
prit à en jouer sans maître, et se proposa de tirer parti de ce talent quand
les circonstances l'exigeraient, ce qui
ne tarda pas à arriver.

Il balança s'il ne se raccrocherait
pas à notre mère la sainte église;
mais les petits démêlés qu'il avait
eus avec plusieurs membres du clergé,

lui firent redouter la férule un peu
dure de ces messieurs. Il jugea plus
convenable de garder son indépendance et son épée, et il sortit en faisant l'énumération des moyens multipliés qu'il avait de gagner sa vie. La
lecture, l'écriture, le latin, le plain-
chant, une belle voix et sa guitare,
ressources prodigieuses pour le temps,
le rassurent sur son avenir.

Il commença par montrer la guitare
à la jeune femme d'un très-vieil officier,
qui le chassa parce qu'il avait interpo-
sé ses bons offices pour le faire cocu
la centième, ou la millième fois.

Il entra dans un couvent de nonnes
pour copier des missels et enseigner
le plain-chant. Il était fort bien là ; mais
il eut le malheur de trouver l'abbesse
dans une posture équivoque avec le
directeur, et l'abbesse le chassa, de
peur qu'il ne fût indiscret.

Un célèbre médecin qui ne savait pas le latin, le prit pour lui enseigner cette langue, et le chassa parce qu'il n'était qu'un beau garçon sans complaisance.

Une vieille dévote s'en accommoda pour se faire expliquer le saints pères, et le chassa parce que ses mains décharnées n'opéraient aucun effet sur lui.

Un vieux seigneur le mit auprès de ses enfans pour leur apprendre à lire et à écrire, et le chassa parce qu'il eut la bêtise de remarquer, en présence d'une courtisane qui le ruinait, qu'il avait des poils gris dans sa moustache.

La courtisane le reprit, et le chassa bientôt, parce qu'elle s'aperçut, ainsi que Batilde, qu'il ne valait pas un muletier.

Un gros négociant, qui voulait sacrifier sa fille, très-jolie et très-éveillée, à un grand benêt de fils, et qui la destinait au cloître, le mit près d'elle pour lui apprendre le plain-chant, et le chassa encore, parce que la petite égrillarde l'avait conduit derrière un paravent, pour savoir un peu ce qu'était le monde qu'elle allait quitter tout-à-fait.

Fatigué d'être toujours chassé, il se mit à composer des sermons pour les prédicateurs qui n'avaient que de l'organe, et il gagna très-gros, parce que le nombre de ces prédicateurs était très-grand, et que les dévotes qu'ils dirigeaient payaient très-bien. Cette ressource lui manqua, parce qu'il eut le malheur de donner le même sermon à deux orateurs de la même ville, qui le débitèrent le même jour dans deux églises, à heures différentes, et qui se firent moquer d'eux par les coureurs de prônes, aussi

communs en Espagne que les coureurs
de spectacles à Paris.

Il ouvrit une école qui fut toujours
déserte, parce qu'on ne soupçonnait
pas alors les avantages de la science,
qu'on commence à ne plus connaître
aujourd'hui.

Enfin il vendit le jour sa voix aux
chœurs de différentes églises, et sa
guitare la nuit aux donneurs de séré-
nades. Il vieillit en faisant ce triste
métier, et l'aurait fait toute sa vie,
si le comte d'Aran ne se fût servi
de lui lorsqu'il n'était que l'amant
de sa femme, à Burgos. En réglant
la sérénade, Trufaldin fit parade de
son érudition : il ne parut alors qu'un
original au comte; mais quand il fut
père, il crut qu'un original pouvait
donner d'excellentes leçons, et comme
les maîtres étaient rares, il s'attacha

celui-ci au moyen d'un traitement honnête, et tira de lui le parti le plus avantageux. Trufaldin était revenu de toutes les erreurs de sa jeunesse, et à sa niaiserie, sa poltronnerie et son pédantisme près, c'était un homme comme un autre.

Revenons au comte de Cerdagne. Fêté long-temps, et las de l'être, il prit enfin congé du comte d'Aran et de sa famille, et, poussé par le désir si naturel de revoir sa fille, il prit avec sa suite la route de Barcelonne. Le premier objet qui se présenta à lui en sortant du château d'Aran, fut cette même Rotrulde qui avait été si faible sans le prévoir, sans le vouloir, et que madame d'Aran n'avait pas manqué de congédier, ainsi qu'elle se l'était promis, parce qu'une femme sage ne se contente pas du témoignage de sa conscience, il faut qu'elle joigne

la pruderie à la sagesse, et qu'elle ne
pardonne rien aux autres.

Depuis que la gentille Rotrulde
était sans condition, et par conséquent sans ressource, elle attendait
dans un hameau voisin le jour du
départ de Cerdagne, que les apprêts
nécessités par une suite nombreuse,
ne pouvait lui laisser ignorer. Elle
se para du mieux qu'il lui fut possible, se mit sur son pasage, et lui
peignit son triste état dans une harangue qui passa pour un *impromptu*,
mais qui était préparée à loisir. Cerdagne était peu constant dans ses goûts,
et ne pensait plus à Rotrulde; mais il
était galant, aimable, généreux : une
femme qui perdait tout pour lui et
par lui, devait l'intéresser; d'ailleurs elle était jolie, et pouvait être
l'objet d'une seconde et même d'une
troisième fantaisie, quand il ne trou-
verait

verait pas mieux. Il l'envoya au
château de Cerdagne, sous la garde
d'un écuyer et de quelques valets ;
et comme une femme qu'il avait ho-
norée de ses bontés, devait y être
sur un certain pied, il envoya à l'acariâtre Théodora l'ordre de la commettre à l'entretien des tapisseries,
des crépines, des estrades et des lits, et
à la garde et distribution des vins fins.

Rotrulde partit, bien persuadée
que ses charmes la menerait plus loin
que l'entretien du lit du maître, et
Cerdagne continua sa route pour
Barcelonne, où il arriva heureusement,
parce qu'il avait trop de forces pour
que les bandits osassent l'attaquer,
et il étonna toute la ville à son entrée, par un luxe délicat et recherché
qu'il avait emprunté de la cour de
Constantinople, et dont on n'avait pas
encore l'idée en Europe.

Il se présenta au couvent qui renfermait Séraphine, plutôt comme un
souverain qui vient répandre des grâces, que comme un père qui rede-
mande sa fille. Enchanté de la beauté,
des grâces modestes, du jugement de
la jeune personne, il combla les re-
ligieuses de présens, il fit renouveler
tous les ornemens de l'église, doubla
le nombre des vases sacrés, donna
un missel en vélin, écrit et décoré
de vignettes par la main du premier
artiste de l'empire grec; il fit célébrer une grand'messe chantée par
toutes les basses-contre de Barcelonne,
et au lieu de s'y occuper de Dieu,
il lorgnait les dames qu'avait attirées
la pompe de cette cérémonie. En
échange de tant de belles choses, l'abbesse fit suspendre l'écusson de ses
armes en dedans et en dehors de
l'église du couvent et de ses dépen-

dances : c'était la magnificence du temps.

Son retour de Barcelonne à Cerdagne ressembla plutôt à une marche triomphale qu'à un voyage. Ses gens étaient couvert de fer et d'or ; ses chevaux, les plus beaux de l'Andalousie, semblaient partager la fierté de ses écuyers ; on allait à très-petites journées, pour ne pas fatiguer Séraphine, l'objet de tous les soins, de toutes les prévenances et de tous les respects. On arrêtait aux heures des repas ; des tentes magnifiques étaient tendues ; des bannières de cent couleurs, et d'une recherche inconnue jusqu'alors, étaient plantées devant le pavillon sous lequel se retirait Séraphine ; son père seul y entrait, y mangeait avec elle ; c'était à qui les servirait, à qui préviendrait leurs goûts. Le site était-il romantique,

R.

paraissait - il fixer l'attention de la
jeune personne , était - il abondant en
gibier , on y passait des heures, des
jours? remarquait-on la satiété dans
les yeux de Séraphine, les tentes
étaient ployées à l'instant, les palefrois caparaçonnés , et les instrumens
de guerre donnaient le signal du départ?

C'est ainsi qu'on arriva au château
d'Aran. Cerdagne , fier de sa fille ,
avait voulu la présenter à son ami,
qui ne l'avait pas vue depuis deux
ans. L'enthousiasme qu'elle excita fut
tel que d'Aran, dans un moment d'ef-
fusion , proposa à Cerdagne d'arrêter
l'union des deux familles , et de resserrer de la manière la plus agréable
les nœuds d'une antique amitié. Cerdagne accepta avec joie une proposition dont l'effet remplirait tous ses
vœux. Les domaines de d'Aran étaient
immenses , il jouissait de la plus haute

considération , sa noblesse remontait
à l'établissement même de cette distinction , et son fils joignait , disait-
on, à la plus aimable figure , un esprit
vif, enjoué, et une amabilité peu commune. Les deux pères fixèrent à trois
ans l'exécution de leurs projets , et
convinrent de les cacher à leurs enfans,
qui ne répondraient peut-être aux
vues de leurs parens que par des con-
tradictions, et qui ne pouvaient manquer de s'aimer quand le hasard paraî-
trait seul les réunir. Cerdagne conduisit
dans son château sa Séraphine , qui
fixa près de lui les jouissances douces
et ce calme de cœur si préférables
aux plaisirs tumultueux des passions.
De temps en temps il s'égarait encore
avec Rotrulde dans ses longues gale-
ries, dans ses bosquets solitaires ; mais
ce n'était qu'un reste d'habitude qu'on
ne surmonte pas facilement ; il mettait

d'ailleurs dans sa conduite cette décence que commandait la présence de
sa fille, et qui n'accommodait pas trop
Rotrulde. Elle ambitionnait le titre
avoué alors de concubine ; mais
Cerdagne notifia sa volonté, et il
fallut qu'elle ployât de toutes les
manières.

Don Mendoce d'Aran continuait
ses exercices à Sarragosse, et on n'y
parlait que de lui. Personne ne rom-
pait une lance avec autant de grâce,
n'attaquait l'épée à la main avec autant
de vigueur, ne parait avec autant
d'adresse le coup d'estoc et de taille.
Personne n'ajustait une flèche avec
autant de justesse, et ne lançait aussi
sûrement la javeline dans un combat
de taureaux. Entrait-il dans une assemblée, il fixait tous les regards.
Dansait-il une sarabande, accompa-
gnait-il sa guitare de sa voix, il atti-

rait tous les cœurs. Cerdagne ne pouvait choisir un gendre qui lui rappelât
plus sûrement les agrémens de sa brillante jeunesse, et dont le caractère
eût plus de rapport avec le sien.

Cependant le charmant Mendoce
entrait dans l'âge des passions. Per-
suadé de ce qu'il valait, et des facilités qu'il rencontrerait de toutes parts,
il était difficile qu'il ne s'égarât point :
il lui eût fallu à cette époque dange-
reuse un guide sage et prudent, et
malheureusement il n'avait près de lui
que des valets destinés à obéir, et un
écuyer qui aimait trop le plaisir lui-
même pour contrarier ses goûts. Mendoce se livra bientôt à tous les travers. Il commença par donner des
fêtes aux dames, et finit par les
déshonorer. Il se battit avec des époux
et des frères qu'il tuait ou estropiait
se qui donnait encore plus d'éclat

aux fredaines de leurs sœurs ou de
leurs femmes. Il jouait aux dés, jeu
respectable par son antiquité, et qui
remonte au moins à Jésus-Christ, car
l'Evangile nous apprend que les soldats de Caïphe ou de Pilate jouèrent
aux dés la tunique sans couture du
Sauveur. Or, comme on ne donne pas
de fêtes, et qu'on ne joue pas aux
dés sans dépenser beaucoup, Mendoce, dont la pension était forte,
mais bornée, fut bientôt réduit aux
expédiens. Ses grâces lui avait donné
des facilités auprès des dames, son
nom lui valut des avances de la part
des usuriers. Il empruntait d'une main
pour répandre de l'autre, et il eût fini
par dépenser au-delà du capital de
son père, si les premiers prêteurs,
alarmés de ses prodigalités et tremblant pour leurs créances, n'eussent
député un des leurs au château d'Aran

pour instruire le papa - comte de la conduite de son cher fils.

D'Aran était plein d'honneur, et dans ces temps à demi-barbares, l'honneur consistait autant à payer ses dettes qu'à se battre courageusement. Il fut effrayé de l'énormité des sommes qu'avait dépensées son fils. Il ne se décida pas moins à payer ; mais il voulut, comme de raison, mettre un terme à cette inconduite. Il rappela Mendoce par une lettre foudrayante qui chassait l'écuyer qui avait favorisé ses désordres ; et pour s'assurer que les dettes seraient exactement payées, il remit ses fonds à Trufaldin, le fit partir pour Sarragosse, lui ordonna de satisfaire les créanciers, et de ramener son fils.

Trufaldin ne pouvait pas prendre un grand ascendant sur l'esprit d'un jeune homme qui avait contracté l'habitude de l'indépendance ; mais les infirmités

du comte ne lui permettaient pas d'entreprendre le voyage de Sarragosse,
et Trufaldin était celui de ses gens en
qui il avait le plus de confiance. D'ailleurs il avait élevé la première enfance
de Mendoce, il avait été à la fois son
maître et le compagnon de ses jeux.
Mendoce pouvait négliger ses avis,
mais il ne pouvait le confondre avec
un domestique ordinaire, que probablement il n'écouterait pas du tout.
Trufaldin partit donc, accompagné
de manière à ne pas craindre les voleurs.

Le bonhomme aimait beaucoup
Mendoce, qu'il regardait comme son
ouvrage; mais il sentit que c'était,
ou jamais, le cas de réveiller son
éloquence assoupie dans un long repos.
Les bonnes gens ont leur petite vanité
comme les autres. Fier de porter les
ordres et l'argent du papa, flatté de

la commission de chapitrer le fils, il jugea qu'il convenait de l'aborder avec une harangue d'un style relevé, où la sévérité fut tempérée par l'indulgence. Il employa à écrire ce discours le temps que son escorte passait à manger et à dormir ; il le lisait, le relisait en marchant, pour trouver des inflexions de voix propres à donner plus de force, de grace ou de noblesse à ses phrases, et les paysans devant qui il passait se mettaient à genoux, persuadés que Trufaldin était un prédicateur ambulant. Un licencié, maître d'école à Venasque, le supplia de lui donner au moins son brouillon pour servir de catéchisme, en attendant que son évêque fût assez savant pour en faire un. Vous allez juger si le discours de Trufaldin méritait cet honneur. Vous y trouverez des choses qui vous paraîtront au - dessus de sa

portée; mais daignez vous rappeler
que depuis trente ans il était com-
pilateur, et je vous ai dit qu'il avait
de la mémoire. Figurez-vous le bonhomme, monté sur sa mulle, les jambes
pendantes, criant, gesticulant, suant,
et perdant de temps en temps la parole,
parce qu'il n'avait pas fait une étude de
l'art de respirer à propos.

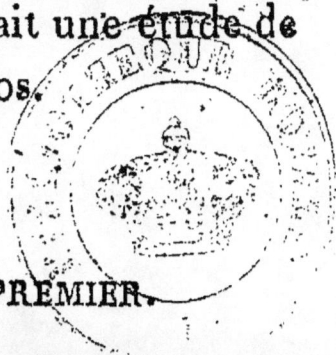

FIN DU TOME PREMIER.